KB143069

청년의 내일을 여는 해방일지

지역은 청년을 세우고, 청년은 지역을 바꾼다

청년의
내일을 여는
해방일지

김요한 지음

學而思 학이사

청년이 보내는 응원 메시지

청년정책을 명쾌한 시각으로 풀어놓은 이 책은 지역에서 청년 정책 일을 하는 행정가들과 중간지원조직 활동가들은 물론, 청년 당사자들에게도 큰 도움이 될 것이다. 대구를 넘어 우리나라 청년정책 발전에 큰 밑거름이 될 것으로 기대한다.

- 강구민, 도시사람콘텐츠랩 대표, 최근 영천시 청년센터장으로서
청년들과 함께 새로운 실험과 도전을 시작했다.

어느 분야든 전문가라 불리는 이들은 많으나 진정성을 가진 사람을 만나기는 쉽지 않다. 그래서 분야를 막론하고 진심이 가득한 사람을 만나면 보석을 발견한 기분이다. 저자가 나에게는 그렇다. 이 책은 청년에 대한 진정성으로 쓴 책이다.

- 김태진, ㈜동네줌인 대표이사, 전 민주당 비대위원,
광주광역시에 살고 있는 10가지 가량의 직업을 가진 N잡러이다.

저자는 민간에서 청년들을 위해 봉사할 때나, 공직에서 청년 정책을 추진할 때나, 늘 청년의 삶을 위해 공동체를 지향했다. 이 책은 저자의 삶과 정책을 통해 '우리가 추구해야 할 공동체의 모습이 무엇인지'를 제시하고 있다.

- 김현석, 현대두산인프라코어 책임연구원, 서울에 살면서 WEsdom인생학교
총괄팀장으로서 청년을 위한 비영리활동을 전국적으로 하고 있다.

이 책은 지난 5년간의 치열했던 대구 청년정책의 역사와 저자가 청년과 함께 걸어온 삶의 길이 고스란히 녹아 있다. 대구 청년정책의 태동기에서부터 현재까지를 총 망라한, 이 소중한 기록에 동행하시길 추천한다.

- 박준우, 청년정책연구플랫폼 '광장' 대표, 대구청년정책네트워크 2기 상임위원장으로서 '청년희망공동체 대구'를 함께 만들어왔다.

청년들이 공동체를 형성하고, 사회문제를 해결하고자 노력한다면 분명 희망이 있다. 저자의 생생한 경험을 기록한 이 책이 청년이 주도하는 사회 환경을 만들어 갈 수 있는 기초자료로 사용되고, 학습을 위한 좋은 자료로 활용되길 바란다.

- 양재필, 오미자네청년들협동조합 대표, 고향 문경으로 돌아와 전통시장에서 점포를 시작으로 청년몰, 청년마을을 운영하며, 청년과 함께 뛰고 있다.

청년정책은 청년의 삶을 기반으로 만들어지고 완성된다. 청년의 관점에서, 청년의 삶 속에서 청년의 고민과 함께 해야 진정성 있는 정책이 나올 것이다. 그 삶을 통해 만들어진 이 책이 청년들의 삶에 좋은 변화를 가져오길 소망한다.

- 우승엽, 울산광역시청년센터 센터장, 청년들을 위한 청년들에 의한 청년의 삶의 목소리를 대변하고 있다.

저자가 펼친 청년정책의 발자취와 실제 적용 사례가 고스란히 담겨있다. 청년정책을 통해 꿈을 펼칠 수 있었던 청년 예술인 중 한 명으로서, 이 책이 청년의 더 나은 미래를 위해 고민하는 이들에게 창의적인 영감을 줄 것이라고 확신한다.

- 이다솜, 극단 청춘무대 대표, 2015년 연극 〈젊은 베르테르의 고뇌〉의 연출로 데뷔, 지역의 유휴공간을 활용한 특색 있는 실험적인 무대를 선보이고 있다.

급변하는 시대에 대구 청년 네트워크를 통해 함께 이루어온 기민한 정책 실행력의 기록이 마침내 이 책으로 우리에게 왔다. 청년정책이 궁금하다면, 청년들과 함께 정책을 만든 저자의 자화상이 고스란히 담긴 이 책의 일독을 권한다.

－ 이은숙, 한국지능정보사회진흥원 선임연구원, 한양대학교
비즈니스인포매틱스 박사과정으로 새로운 미래를 준비하고 있다.

IMF 시기에 갑자기 입사 취소 통보를 받았던 저자는 정해지지 않은 미래를 불안이 아니라 오히려 설렘이라 여겼다. '청년들의 동행자'인 저자를 만나면 '청년다움'을 느낄 수 있다. 이 책에서는 불안이 아닌 설레는 청년들의 미래를 만날 수 있다.

－ 이정욱, 종이비행기 국가대표, 종이비행기 대회 주최 등 다양한 이색스포츠를
활성화하여 청소년, 청년들이 꿈의 씨앗을 틔울 수 있도록 돕고 있다.

저자는 정책 전문가로서, 때로는 청년들의 인생 선배로서 청년문제에 공감하고 가슴 아파한다. 이 책은 청년정책뿐만 아니라, 우리 사회가 함께 고민해야 할 청년의 꿈과 공동체의 미래까지 제시한다.

－ 지민준, 뷰티인사이드 대표, 대구시 청년정책조정위원회 위원으로서
청년의 귀환과 지역균형발전을 위해 다양한 활동을 하고 있다.

이 책을 읽으면서 '청년의 내일'을 열기 위해 저자가 지금까지 어떤 노력들을 진행했는지, 또 다음 세대를 위해 어떤 고민들을 갖고 있는지 알 수 있었다. 저자는 청년들의 내일을 열어가는 일을 '내 일'로 품고 살아온 고마운 어른이자 멋진 선배다.

－ 최윤현, 공공프로젝트를 유쾌하게 풀어내는 문화기획자,
문화가 가진 힘으로 사람과 가치를 연결하는 것을 업으로 삼고 있다.

청년정책의 고전 같다. 청년정책 속에 청년들의 삶과 통찰이 담겼다. 읽고 나면 좋은 멘토를 만난 기분이다. 청년의 고민을 정책으로 대변한 멘토이다.

- **최정원**, 청춘연구소 컬처플러스 대표, 부산에서 10년 가까이 청년들과 함께 스스로 할 수 있는 일을 찾아 기획하는 몽상가이다.

대구시 청년정책과장을 지낸 저자가 청년의 삶과 공동체의 미래를 고민하며 함께 보낸 현장의 기억과 생생한 기록이 담겨 있다. 현재 사회의 지속가능성과 다음 사회의 미래가치를 고민하는 모든 분께 거듭 권하고 싶은 친절한 노트이다.

- **추현호**, 에듀테크 소셜벤처 (주)콰타드림랩 대표, 교육불평등을 스마트한 기술과 따뜻한 마음으로 해결하길 꿈꾸는 행동하는 사회적 기업가이다.

청년과 함께 만든 변화,
청년정책의 태동과 발전적 진화

1997년 11월 IMF(국제통화기금) 외환위기는 대한민국 청년의 운명을 바꾸었다. 대량실업이 발생했고 청년백수라는 단어가 등장하면서 IMF세대가 탄생했다. 2008년 금융위기 이후, 청년실업은 구조적 문제가 되었고, 청년의 삶은 전진을 멈추었다. 3포세대, 7포세대, N포세대로 더 이상 포기할 게 없을 때까지 청년실업률은 두 자릿수를 넘어섰고, 역대 정부는 청년고용대책도 두 자릿수까지 연이어 발표하였다. 청년실업 문제를 해결하기 위한 중앙정부의 청년고용대책은 예산규모의 진전만큼 고용여건과 고용지표는 진전되지 않았다.

청년의 법적 개념을 처음으로 명시한 법률은 청년고용촉진특별법의 전신이라 할 수 있는 2004년에 제정된 청년실업해소특별법이다. 동법에서 청년은 취업을 원하는 15세 이상 29세 이하인 사람으로 규정되어 있다. 이후 2020년 제정된 청년기본법에는 "청년이란 19세 이상 34세 이하인 사람을 말한다." 이렇게 청년의 연령 범주가 늘어난 것도 그만큼 청년의 사회진입이 지체되고 있기 때문이다. 청년기본법에 "다만, 다른 법령과 조례에서 청년에 대한 연령을 다르게 적용하는 경우에는 그에 따를 수 있다."라고 되어 있어서 대구, 서울, 광주 등 청년정책의 현장에 있는 대부분의 시·도 지자체에서는 19세 이상 39세 이하로 규정하고 있다.

청년실업은 청년도, 기업도, 정부도 모두 유감遺憾이다. 청년실업문제는 일자리 문제에서 이제 사회적 문제로 인식되고 있다. 청년실업문제가 한편으로는 복합적인 사회적 문제에 기인하고 있음을 의미하지만, 다른 한편으로는 청년들의 입직을 통한 사회진입이 지체됨에 따라서 복합적인 사회적 문제를 파생시키고 있는 현실이 노정된 것이다. 청년들은 실효성도 없는 청년고용대책에만 매몰되지 말고, 정책당국의 시선을 일자리 상황판에서 청년의 삶으로 옮겨야 한다고 목소리를 내었다. 서울시를 시작으로, 대구시, 광주시 등 지자체는 기존의 청년실업자를 대상으로 국한한 청년고용대책의 범주에서 탈피하여 사회진입과정에 있는 이행기 청년을 대상으로 종합적인 청년정책을 추진하였다.

우리나라의 청년정책은 지자체 주도의 다양한 정책실험을 통해서 그 모습을 갖추게 되었다. 하지만, 청년의 삶은 하나의 모습이 아니라 학력, 자산, 직업, 젠더, 지역 등 다양한 요소로 상이한 모습으로 많이 분화되어 있어서 충분한 효능감을 주기에는 한계가 있었다. 재정자립도가 낮은 지자체의 청년정책은 청년계층에게 보편적인 체감도를 주기에는 규모 면에서도 진전이 어려웠다. 따라서 청년고용대책에서 청년종합정책으로의 국가차원의 정책전환과 중앙정부와 지자체의 역할분담을 요구하게 되었다.

2020년 8월 5일 청년기본법 시행, 2020년 12월 23일 제1차 청년정책 기본계획, 2021년 3월 30일 2021년 청년정책 시행계획이 발표되면서 우리나라 최초로 국가차원의 종합적이고 체계적인 청년정책이 수립되고 발표되었다. 전국 청년들의 목소리와 지자체의 선도적인 변화사례가 중앙정부 청년정책의 변화를 이끌어 내었고, 정치·경제·사회의 환경변화와 여론의 파고가 변화를 가속시켰다. 2022년 3월 9일 대한민국 제20대 대통령 선거가 치러졌다. 이번 선거는 여·야 모두 유독 청년을 많이 호명하는 선거였던 만큼, 청년정책은 중단 없이 계속될 것으로 보인다.

청년이 겪는 사회문제는 일자리에 국한된 단일한 문제가 아니다. 소득·자산의 양극화, 대기업과 중소기업의 양극화, 수도권과 비수도권의 양극화 등 우리 사회의 복합적인 구조적 문제와 연결되어 있다. 따라서 청년이 겪는 사회문제를 해결하는 일은 우리 사회의 지속가능성에 대한 질문에서 시작하며, 다음 세대의 관점에서 다음 사회의 미래가치를 세우는 일이기도 하다.

이러한 관점에서 대구시의 청년정책은 3가지 측면에서 새로운 전환점을 마련하였다. 첫째는 청년을 위한 청년정책에서 청년에 의한 청년정책으로의 무게중심 전환이다. 청년 스스로 청년이 겪는 사회문제를 해결할 수 있도록 지원하는 청년자강自強정책의 확대가 대표적이다. 둘째는 청년 당사자성 위주에서 공동체를 지향하는 지역사회의 연대와 결속으로의 전환이다. 청년희망공동체 대구 선언(2019. 12. 19.)에 담긴 함의와 이후 전개된 청년을 중심으로 민·관이 함께 만들어 온 다양한 협업사례가 변화를 보여준다. 셋째는 청년만의 어려움에 주목하는 청년정책에서 지역사회의 보편적 문제로 시야를 확장함으로써 청년세대가 미래가치를 세우고 다음 사회를 준비하는 정책으로의 전환이다. 대구시는

2021년을 인재도시 원년으로 선포하고, 청년이 일자리를 창출하고, 청년이 도시의 미래를 바꾸는 미래인재도시 기본계획을 수립하였다.

필자는 91학번 IMF세대다. 대기업 합격은 취소되었고, 지역에 남게 되었다. 덕분에 지역을 새롭게 발견하고, 지역혁신을 위해서 일하게 되었다. 지역대학 캠퍼스에서 만난 청년들과의 인연은 인생선배로서 청년들과 동행하는 기쁨도 있었지만, 청년들의 막막한 현실과 불안한 미래를 직시하게 되었다. 청년의 삶과 공동체의 미래에 대한 불편한 인식은 점점 무거운 사회적 책임으로 바뀌고 있었다. 대구시에서 막 시작한 청년정책의 자문 역할을 하던 중에 청년정책과장이라는 공을 받게 되었다. 처음에는 고무공인 줄 알았는데, 유리공이었다! 먼 훗날 사회적 책임을 회피했다는 부끄러움을 직면할 용기가 없어서 13년간 일했던 직장에는 사직서를 내고, 한 번도 생각해 보지 않은 공직의 길을 걸었다. 어쩌다? 공무원이다. 청년들과 함께 시간을 보내면서 IMF세대의 시대유감, 세대공감, 사회적 부채의식이 있었던 것 같다.

지난 5년간 청년과 함께 청년정책을 만들었다. 청년과 함께 보낸 시간과 공간은 청년의 삶의 현장이었고, 청년정책의 최전선이었다. 이 책은 다음 세대를 세우는 청년정책의 탄생부터 청년정책의 전환국면, 그리고 청년정책으로 세우는 다음 사회의 가치를 이야기한다. 또한 이 책은 청년의 삶과 도시의 미래를 바꾸기 위해 몸부림쳤던 현장의 살아있는 정책 아이디어들을 담고 있다. 5년간의 정책적인 실험과 도전의 기록을 읽는 내내 독자의 생각과 경험들이 상호작용을 하면서 독자들이 새로운 해법을 찾을 수 있다는 기대감도 있다.

이 책은 2부로 구성되어 있다. 1부 청년의 삶과 정책의 최전선에서는 청년이 겪는 사회문제에 대한 세대공감을 위해 IMF세대의 경험을 시작으로 청년정책의 이슈를 확산한 도화선이 되었던 서울시의 청년수당 논쟁과 청년들의 사회적 고립 문제에 대응하고 있는 정책현장을 살펴본다. 다음으로 청년정책의 오래된 숙제인 일자리정책의 관점을 논하고, 유럽 현지출장을 통해서 확인한 청년정책의 원형을 살펴본 뒤에 청년고용대책에서 청년종합정책으로 진화하는 우리나라의 청년정책과 지자체 주도의 청년보장제의 탄생을 조망한다.

2부 청년의 꿈과 공동체의 미래에서는 지역이 곧 청년들의 일터, 꿈터, 삶터라는 관점에서 청년들이 지역의 유·무형의 자산을 활용하여 활동하고, 창업하는 현장을 보여준다. 또한 청년의 미래가 곧 지역의 미래, 국가의 미래라는 인식에 기초하여 청년자강정책의 확대, 청년과 지역사회가 함께 만드는 청년희망공동체, 청년이 도시의 미래를 바꾸는 미래인재도시 정책의 경험과 우리 사회의 향후 과제를 마지막으로 정리하며 책을 마무리한다.

청년의 삶과 오랫동안 함께하였기에, 수도권 쏠림으로 인한 청년유출로 지역침체라는 악순환의 덫에 걸려있는 지방이었기에, 더 분명하게 문제를 인식하고, 더 간절하게 고민하고 도전하게 되었다.

정책이 만들어지고 실행되는 변화의 길목에서 있었던 현장의 생생한 이야기는 필자의 주관적인 경험에 기초하고 있다. 따라서 청년정책을 현장에서 직접 기획하고, 실행한 책임자로서 1인칭의 관점에서 서술한 줄거리와 일화는 어쩔 수 없이 필자의 활동이 부각되는 측면이 있다. 어떤 일이든 혼자서 할 수 있는 일은 없다. 청년들은 물론 많은 전문가, 동료 공무원, 시민들의 역할과 도움이 없었다면, 1cm도 전진하지 못했을 것이다. 지면을 통한 서술의 한계로 일일이 많은 분들의 역할을 표현하지 못했음을 먼저 양해를 구한다.

대구시 청년정책의 태동기부터 지금에 이르기까지 많은 분의 동행과 참여, 그리고 지지와 격려가 있었다. 먼저 청년위원회, 청년ON, 청년정책네트워크 등 청년의 목소리를 대표하고, 주도적으로 함께 청년정책을 만들어 온 청년들에게 특별히 고마운 마음을 표현하고 싶다. 아울러 현장에서 청년정책을 실행하고 청년들의 활동을 지원하는 데 정성을 쏟아준 청년센터 관계자들에게도 감사의 말을 전하고 싶다. 청년을 중심으로 대구시와 청년센터 간의 깊은 신뢰를 바탕으로 한 소통과 협업이 청년정책의 원동력이 되었다.

청년정책은 시청 내부에서도 소통과 협업의 산물이며, 지자체장의 각별한 의지가 없이는 선도적으로 추진하기 어려운 정책이었다. 먼저 대구시 청년정책의 추진을 여느 지자체보다 앞서서 결정하고 부족한 필자를 믿고 전적으로 맡겨주신 권영진 전 시장님에게 감사드린다. 아울러 부서 간 협업을 위한 청년정책 TF(task force)를 이끌고, 참여했던 김승수 행정부시장 등 역대 부시장님과 실·국의 동료 공무원들에게도 감사의 인사를 전하고 싶다. 누구보다도 청년정책과의 일원으로 수고를 아끼지 않은 직원들에게 특별히 고맙다는 말을 전하고 싶다.

청년의 삶 관점에서 일자리, 교육, 주거, 복지 등 입체적인 지원이 필요하다는 점에서 청년정책은 종합정책이다. 또한 지역사회의 여건과 맞물려 있으며, 도시의 미래와 연결되기 때문에 청년정책 실행을 맡았던 주관기관뿐만 아니라 다양한 지역사회 주체들이 직·간접적으로 참여하였다. 특별히 청년희망공동체 대구를 조성하고, 미래인재도시 대구를 추진하는데 함께 동행하였던 여러 대구시 위원회, 유관기관과 지역대학, 시민사회와 언론의 관계자분들에게도 감사의 인사를 드린다. 한 분 한 분 일일이 감사의 인사를 전하지 않더라도 변화의 주역인 우리 청년들과 그동안 함께했던 모든 분들에게 감사의 마음을 갖고 있다는 사실을 이심전심으로 느끼고 있으리라 믿는다.

마지막으로 나를 언제나 믿어주신 부모님께 감사드린다. 그리고 남편의 선택과 결정을 가정에서 전적으로 감당하면서 늘 곁에서 인생의 동반자가 되어준 아내와 아빠를 자랑스럽게 생각해 주는 듬직한 아들에게 고마움을 전한다.

작은 기록이지만, 이 책이 청년의 내일을 염려하시는 분들, 청년이 살고 싶은 도시를 만들기 위해 일하시는 분들, 더불어 살아가는 지역공동체의 회복을 고민하시는 분들, 다음 세대와 다음 사회를 위한 청년정책이 궁금하신 분들에게 조금이나마 도움이 된다면, 무척 기쁘고, 감사할 것이다. 이 순간에도 젊음의 노트를 채워나가고 있을 청년들과 공동체의 미래로 고민하고 수고하시는 청년정책 관계자분들을 응원한다.

2022년 7월

김요한

차례

2부. 청년의 꿈과 공동체의 미래

청년창업, 실패도 자산으로

청년자강, 청년이 주역이다

1부

청년의 삶과 정책의 최전선

청년의 운명을 바꾼 시간

국가부도의 날

청년의 운명이 바뀌다

IMF세대의 탄생과 최초의 청년실업대책

　　　　　　　　　2018년 11월, 영화 〈국가부도의
날〉이 개봉되었다. "11월, 모두의 운명을 바꾼 그날의 이야기가
시작된다."라는 포스터에 눈이 멈추었다. 1997년 11월 21일, 외
환위기로 한국경제가 IMF 관리체제로 전환된 날이다. 그날은 91
학번 청년의 운명도 바뀌었다. 한 청년의 운명뿐이었겠는가? 세
계경영을 기치로 해외시장 개척에 주력하여 신흥국 출신 최대의
다국적 기업으로 성장한 대우그룹도 외환위기 고비를 넘기지 못
하고 1999년 워크아웃 후 해체됐다. 1967년 대우실업에서 출발
한 지 30여 년 만인 1998년에 대우그룹은 41개 계열사, 396개 해
외법인을 거느린 재계 서열 2위 대기업으로까지 성장했었다.

1989년에 김우중 회장의 에세이집 『세계는 넓고 할 일은 많다』라는 제목은 많은 젊은이들의 가슴에 세계로 웅비하는 꿈을 꾸게 하였다.

학과 선배의 권유로 학기 중에 입사를 준비해서 합격한 곳이 있었다. 현대전자다. 미래학자 앨빈 토플러의 프런티어frontier 정신으로 신규사업 진출 의지와 낙관적 미래를 보여주었던 당시로서는 파격적이었던 현대전자의 TV광고가 매력적이기도 했었다. 연구실에 홀로 남아서 반도체경제학을 공부하며 정말 프런티어에 가겠다던 나에게 IMF 외환위기와 함께 날아든 합격 취소 통보는 비현실적으로 느껴지는 설상가상이었다. 청년백수, 고용절벽, IMF세대는 그렇게 탄생하였다.

경주 현대호텔에서 합격 취소 위로금을 받은 날은 한 장의 사진으로 아직도 생생하게 가슴에 찍혀있다. 검은색 정장을 말끔하게 빼입은 청년들이 줄을 이었다. 위로금을 받고서도 청년들은 호텔 앞을 떠나지 못했다. 집으로 돌아가서 부모님에게 어떻게 이야기를 해야 하나? 신문지를 얼굴에 덮어쓰고 누워있는 청년들이 푸른 잔디밭을 채웠다. 청년들의 얼굴을 덮은 신문지 위로 햇빛은 서럽게 부서져 내렸다.

청년 백수白手라는 표현이 회자되었다. 캠퍼스 어디에서도 대기업 구인공고는 고사하고 중소기업 구인공고도 눈을 씻고서도 찾기 어려웠다. 지방의 국립대만 하더라도 90학번 선배까지는 삼성, 현대, LG 대기업 입사원서가 학과 사무실에 쌓여 있었고, 성실히 서류만 작성하여 제출하면 대부분 합격하던 시대였다. 91학번의 시계는 고용 절벽 앞에서 모두 멈추었다. 하루아침에 다른 시대에 던져진 것 같았다. 세대적 단층이 생겼다. IMF세대는 내일을 볼 수 없는 어둠 속에서 그렇게 탄생하였다.

청년실업이 사회적 문제로 등장하게 된 것은 1997년 외환위기 이후이다. 기업의 도산과 구조조정 등을 겪으면서 일자리 급감, 일자리 질의 하락, 대기업과 중소기업 간의 일자리 양극화 등이 본격화되면서 청년실업의 문제가 심화되었다. 청년실업률은 1990년대 중반에는 4.6%까지 하락하였으나 경제위기 직후인 1998년에는 12%까지 증가하였다. 이후 경제회복과 실업대책에 힘입어 청년실업률은 2002년에 6.6%까지 하락하였으나 2003년 하반기부터 다시 증가하기 시작하였다.

청년실업 문제가 고착화됨에 따라 2003년 9월 노무현 정부에서 공공기관 일자리 확충을 주요 골자로 한 청년실업 종합대책을 발표하게 되었다. 중앙정부 차원에서 청년을 대상으로 특화한 청년정책의 시초이다. 청년실업해소특별법이 제정(2004. 3. 5.)된 것도 이 시기이다. 청년 미취업자에 대한 국내외 직업능력개발훈련 등의 지원을 통하여 청년고용을 촉진하고 지속적인 경제발전과 사회안정에 이바지함을 목적으로 시행된 청년실업해소특별법은 이후 2009년 10월 청년고용촉진특별법으로 개정되었다. 2008년 글로벌 금융위기 이후 노동시장의 양극화와 청년실업이 만성적인 구조적인 문제로 고착되면서 실업해소가 아닌 고용촉진으로 더 강화되었다. 청년고용촉진특별법은 본래 유효기간이 있으나 지난 2018년 11월 6일 국무회의에서 이 특별법의 유효기간을 2023년 말까지 연장하기로 하였다.

창조도시와 청년정책
소셜 다이닝 모임이 도시를 깨우고, 청년정책을 태동시키는 에너지가 흘렀다

"오늘 같이 훌륭하고 신선한 자리 마련해 주셔서 너무 감사드립니다. 정말 근래에 최고의 날이 아니었나 싶습니다. 처음엔 답답하고 외부와 소통이 잘 안 되는 도시라는 이미지가 있었는데 3년째 살면서 정말 다양한 문화기획이 진행되고 있는 걸 오늘 다시 한 번 느꼈습니다. 대구의 멋진 모습 기대되네요."

2015년 4월 15일 소셜 다이닝 Social Dining 모임에 참여한 청년이 메일로 보내온 감사와 응원의 편지다. 당시에 필자는 (재)대구테크노파크 정책기획단에서 근무하면서 겸직하고 있었던 '포럼 창조도시를 만드는 사람들(이하 '포럼 창조도시')'의 사무국장으로 참석하였다.

2015년 봄, 대구에 기분 좋은 도전, 변화의 바람이 불기 시작했다. 도시의 다양성, 혁신 정체성, 창조적 활동을 제고하고, 창의적 인재가 모이는 살기 좋은 도시환경을 조성하기 위해 3월 9일 '포럼 창조도시'를 출범하였다. 창조도시 조성을 위한 개방형 플랫폼이다. 개방형 연계와 융합, 소셜 네트워크 구축, 활발한 소통과 학습, 변화 창조자 발굴과 육성에 전략적으로 활동을 집중하였다. 먼저 도시의 구체적인 변화를 함께 식사하면서 이야기할 수 있는 소셜 다이닝Social Dining 프로그램을 열었다. 다양한 분야, 다양한 계층과 연령이 접속하기 시작했다.

5월 16일 대구시 청년위원회 출범식에 다녀왔다. 청년들이 이제 정책의 대상이 아니라 변화의 주체로 나섰다. 이제 시작이다. 어루만져야 할 상처도 있고, 다독거려야 할 시련도 있고, 가슴으로 소통할 이야기들도 많을 것이다.

9월 19일 주말 오후, 창조도시 기획모임인 포커스 그룹Focus Group에 참여하고 있는 대구 청년유니온 사무실을 찾았다. "청년들에게 필요한 최소한의 무기는 스펙이 아니라 노동법입니다."라는 한 청년의 말이 현실과 정책의 간극을 관통하는 화살로 날아왔다. 인턴에서 사장까지 되는 과정에 노동 현실을 반영한 보드게임을 청년들과 함께 했다. 웃으면서 했지만, 보드게임도 현실처럼 인턴에서 대리되고, 정규직 되기가 너무 힘들었다. 청년유니온은 청년들이 일하기 좋은 도시를 만들기 위해 거리에서 노동상담과 실태조사를 진행했다.

소셜 다이닝과 포커스 그룹으로 청년들이 모일 수 있었고, 새로운 변화를 이야기하고, 기획할 수 있었다. 청년들의 목소리와 행동이 도시의 사회관계망과 정책으로 이어졌다. 청년 클래식 축제, 청년통 '경청', 청년이 기획하고 만들어가는 마을, 대학 동네에서 '커뮤니티+디자인', 대구 청년공간 조성방안, 대구 청년영화제, 레드 라이트를 켜라! 등 대구시 청년들의 활기찬 움직임이 도시를 깨우고 있었고, 청년들이 도시의 변화주체로 일어서고 있었다. 청년정책을 태동시키는 에너지가 흘렀다.

2016년 만화를 그리는 청년들을 만났다. 라면으로 끼니를 때우고 제대로 된 작업실 하나 없이 지하실 등 열악한 공간을 맴돌았다. 작품이 소위 뜰 때까지 각자도생이었다. 5월 23일 대구 남구 앞산 인근의 모임Moim 레스토랑에서 이색 모임이 열렸다. 최근 인기리에 방송된 KBS 드라마 〈동네변호사 조들호〉의 원작자인 헤즐링(본명 김양수) 작가와 지역에서 활동하는 웹툰 작가들의 만남으로 진행됐다. 포럼 창조도시의 홈페이지를 통해 미리 공지된 소셜 다이닝 모임 일정을 보고, 30여 명이 참석했다. 평소 밥값 한번 내기 어려운 형편인지라 웹툰 작가들의 모임은 꿈도 못 꾸고 있었는데, 이렇게 여러 사람을 한자리에서 만나서 반갑고 놀라워했다. 대부분의 작가들이 혼자 작업을 하다 보니 정보에 어두울 수밖에 없는데, 모임에 나와서 웹툰계의 다양한 정보를 얻을 수 있어 유익하다고도 했다. 특히 대구시 관계자가 동석해 웹툰 활성화 정책에 대해 함께 고민하는 것을 보니 힘이 난다고 하였다.[1]

---

1) "변화를 꿈꾸며… 대구에도 소셜 다이닝 모임 바람", 영남일보, 2016. 6. 3.

2018년 봄. 소셜 다이닝 모임에 참여했었던 만화가 청년으로부터 소식이 왔다. "소셜 다이닝 모임 이후에 대구 작가들에게도 강의를 할 수 있는 기회가 많이 생겨서 감사합니다." 연이어 기쁜 소식이 전해졌다. 그해 5월에는 대구시 문화콘텐츠과와 (재)대구디지털산업진흥원이 문화체육관광부 국비 공모사업에 선정됐다. 대구웹툰캠퍼스는 2019년 6월 18일 대구 수성구 소재 경일대 대구교육관에 오픈했다.

포럼 창조도시를 운영하면서 창조도시 석학인 찰스 랜드리의 '아스팔트 통화'가 떠올랐다. 모든 정책의 원가를 아스팔트에 맞추어 해석해 보자라는 것이다. "한 지역의 분위기에 새로운 활력을 부여하는 일은 단지 아스팔트 300미터, 그리고 청소년 프로젝트는 30미터에 해당하는 수준에 그칠지 모른다."

대구의 하드웨어 인프라 구축 투자 수준은 결코 여타 도시에 뒤지지 않는다. 하지만 소프트 인프라와 도시의 변화를 위한 네트워크 구축과 연대는 아직 취약하다. 무분별한 아스팔트를 10미터만 줄여도, 우리는 이렇게 청년과 시민의 꿈을 키우는 소셜 다이닝 모임을 100개는 운영할 수 있을 것이다. 이제 청년들은 자신의 꿈이 실현되는 도시를 찾아서 이동할 것이다.

어쩌다? 공무원

"말이 씨가 된다"

2017년 5월 청년정책과장으로 출근하다

　　　　　　　　　　"김 박사는 정책 만드는 일을 오랫동안 해왔고, 청년들과도 자주 소통하니 적임자이지 않으냐? 조언만 할 것이 아니라 직접 일을 해보는 것이……." 주위의 권유가 이어졌다. 처음엔 웃으며 가볍게 들었다. 그런데 깊이 생각을 해보니, 내 손에 들어온 공이 고무공이 아니라 유리공처럼 느껴졌다. 피하면 훗날 후배 세대들에게 내 인생이 부끄러울 수 있겠다는 생각이 들었다. 아내와 상의하고 최종 결심을 하였다.

　청년 소통 및 청년정책 컨트롤타워 역할을 위해 2017년 1월 대구시의 청년정책과가 신설되면서 과장 보직을 개방형 직위로 지정하였다. 두 번의 공모를 진행하였으나 적임자를 찾지 못하자 지역 언론에서 세 번째 외부 임용 공모라는 보도까지 나왔다. 당시 필자는 (재)대구테크노파크 정책기획단에서 13년째 근무를 하고 있었고, 대구시 청년센터 운영위원, 대구시 청년정책위원회 위원 등으로 활동하면서 지역 청년정책에 대해 자문 역할을 하고 있었다. 자연스럽게 세 번째 공이 내 앞에까지 온 것이다. 정년이 보장된 공공기관을 그만두고, 최장 5년(3+2년)의 계약직으로 가는 선택을 아내는 못내 불안해했다. 그럼에도 불구하고 공감해 주고 이해해 준 아내가 고맙다. 2017년 5월 청년정책과장으로 임용되었다. 청년들 표현대로 어쩌다? 공무원, 어공이 된 셈이다. 그동안 천직으로 여겼고, 즐겁게 일하였기에 사표를 내자 직장에서는 모두 어안이 벙벙하였고, 시청에서도 오랫동안 파견근무 나온 것으로 알고 있는 이들이 많았다.

91학번으로 대학에 입학했다. "자유로운 인간은 불안할 수밖에 없고, 사고하는 인간은 불확실할 수밖에 없다." 유순하는 장편소설 『91학번』(1992년)에서 당대의 대학생들을 불안과 불확실함으로 조명했다. 나 자신이 그 시대의 한 중간에 있었으며, 불안과 불확실한 시간을 통과했음을 서른이 되어서야 알았다.

1995년 어느 날 학생회 선배가 물었다. "너는 기성세대가 되면 어떻게 살래?" 학생회보다는 동아리에서 더 많은 시간을 보내고 있는 나를 발견한 노동 운동가 선배의 심기가 느껴졌다. 그때 나는 무심코 대답했다. "다음 세대, 청년들을 위해서 살겠습니다. 최소한 두 명의 청년이라도 성장할 수 있도록 돕겠습니다." 마흔이 넘어서야 "말이 씨가 된다"라는 옛 선인들의 지혜가 오래된 기억을 소환했다.

군 복무 신병시절이었다. "화장실에서 몰래 보는 경제칼럼이 너무 재미있습니다." 그렇게 교수님께 쓴 편지 한 통은 제대 이후 '국제경제관계연구회'라는 학술동아리 창립으로 이어졌다. 훗날 박사과정까지 인연이 이어진 심승진 선생과의 만남은 '청년의 삶과 꿈'이란 교양과목 개설로 연결되었다.

유명 인사나 석학을 초청해서 청년들에게 삶과 직업에 관해 이야기하는 특강 위주의 수업으로 포스코POSCO의 후원으로 만들었다. 조교 역할을 하면서, 학생들의 리포트를 정리하는 일이 많았다. 주제가 청년의 삶과 꿈이었다. 많은 학생들의 리포트에서 1990년에 개봉한 〈죽은 시인의 사회〉라는 영화가 등장했다. 로빈 윌리엄스가 연기한 존 키팅 선생은 첫 시간부터 "카르페 디엠Carpe diem"을 외치며 파격적인 수업 방식으로 학생들에게 신선한 충격을 주었다. 학생들은 선생님을 "오 캡틴! 마이 캡틴!"으로 부르며 따른다. 학생들은 모두 내 인생의 캡틴을 만나고 싶어 했다. 영화 중 명대사가 많았다.

"그 누구도 아닌, 자기 걸음을 걸어라. 나는 독특하다는 것을 믿어라. 누구나 몰려가는 줄에 설 필요는 없다. 자신만의 걸음으로 자기 길을 가거라. 바보 같은 사람들이 무어라 비웃든 간에."

2011년 11월 작은 공간에서 열 명 남짓한 청년들과 도란도란 모임이 열렸다. 서른아홉 겨울, 그렇게 청년의 삶과 꿈을 위한 길은 예고 없이 내 앞에 다시 나타났다. 그해 여름 주말로 기억된다. YLC(Young Leaders Club)이라는 대학생 단체를 위한 특강을 우연히 맡게 되었다. 주말에 시간을 내어 참석한 학생들이라 더 적극적이었던 모양이다. 특강을 마치고 많은 학생들로부터 애프터After 모임 신청을 받았다. 그날 이후, 학생들과 함께 식사를 하거나 맥주 한잔, 커피 한잔, 몇 번을 그렇게 만났다. "선배님! 우리한 달에 한 번씩이라도 계속 만나면 좋겠습니다!" 한 청년의 목소리였지만, 모두들 눈빛과 몸짓으로 이별을 아쉬워했다.

간절함은 우연도 필연으로 바꾸어 놓았다. 도란도란 소모임은 'WEsdom 인생학교'라는 비영리 단체로 성장하여 10년 이상 이어지고 있다. WEsdom은 We(우리)와 Wisdom(지혜)을 합쳐서 만든 표현으로 공동체를 위한 유익과 인재를 의미한다.

WEsdom(WE+wisdom)이라는 표현은 2011년 글로벌 인재포럼에서 미래의 인재에겐 타인과 함께 어울리는, 공동체 마인드를 갖춘 위즈덤(지혜)이 필요하다는 의견에 조벽 동국대 석좌교수가 처음으로 제안했다.[2]

소통과 협업의 트라이앵글

일상 속의 살아있는 거버넌스,

소통과 협업으로 청년정책을 디자인하다

제품은 시장과 멀어지면 실패한다. 정책은 현장과 멀어지면 실패한다. 디자인 단계부터 사용자가 참여한 제품은 성공한다. 디자인 단계부터 수요자가 참여한 정책은 성공한다. 청년정책에서 청년은 수요자이자 주체적 생산

---

2) 〈글로벌 인재포럼 2011〉 "SNS 감성소통 확산, 더불어 사는 지혜 WEsdom 갖춰라", 한국경제, 2011. 11. 3.

자가 되어야 한다.

2017년 5월, 대구 청년들은 청년이 주체가 되는 참여의 도시를 만들어나가고 있었다. 출범(15. 5. 16.)한 지 2년이 지난 대구시 청년위원회와 대구청년센터(16. 7. 20.)를 기반으로 한 청년정책 연구 모임 청년 ON 등 여러 형태로 청년들이 스스로 청년들의 목소리를 청년정책에 담고자 활동하고 있었다. 청년정책은 청년 인지적認知的 관점에서 청년의 삶이 바뀌는 도시를 함께 만들어가는 것이다. 무엇보다 청년을 주체로 세우는 일이 우선이었다.

매주 수요일 아침, 청년위원회, 청년센터, 청년정책과 3개 주체의 대표자 10여 명이 모여서 고민의 접점을 공감하기 시작했다. 트라이앵글triangle 모임이다. 세모꼴의 트라이앵글을 쇠막대로 밑변을 치면 투명한 소리가 두드러지듯이, 공감대를 형성하는 것이다. 청년정책의 3대 주체인 청년, 민간, 지자체가 모여서 일상의 삶 속에서 청년이 겪는 사회문제를 끄집어내고 앞으로 나아가야 할 방향과 정책과제를 토론하였다. 트라이앵글 모임은 공동의 목표를 달성하기 위한 민民, 청靑, 관官의 수평적 협력구조인 협치協治, 즉 거버넌스governance이다. 무엇보다 트라이앵글 모임은 일상 속의 살아있는 거버넌스였다.

"과장님, 이제 소통은 충분한 것 같습니다." 트라이앵글 모임이 100회 정도 지속되던 어느 날 함께한 청년이 웃으면서 한 말이다. 작은 모임이지만, 트라이앵글 모임은 민·청·관이 소통과 협업에 의해서 정책을 추진하는 주춧돌이자 신뢰자본이 되었다.

매주 가졌던 트라이앵글 정기모임은 2018년 사업구상을 위해 유관기관 전문가까지 참여한 청년정책 솔루션 디자인 워크숍으로 이어졌다. 또한 청년들이 주도하고, 전문가들이 참여하고, 지자체가 지원하는 청년정책 솔루션 디자인 공모사업 추진으로 청년 스스로 조사·분석, 토론, 제안 등을 통해서 문제 해결 방안을 모색하고 정책을 구체적으로 디자인하였다.

청년의 삶이 바뀌는 청년정책을 수립하고, 실행하는 과정도 무엇보다 소통이 중요하다. 시청에 들어올 때, 청년보다 오히려 공무원과의 소통을 우려하는 시선이 많았다. 필자가 민간에서 정책기획과 지역혁신 관련 일을 오랫동안 했던 사람이라, 시청에 들어가서 토론하고 집단학습을 하는 분위기를 만들어가거나, 협업을 자주 강조하면 공무원들에게는 다소 불편하고 거북한 일이 될 수도 있기 때문이었다. 다행스러운 것은 대구시는 2016년 2월에 대구시 내부의 청년정책 소통과 협업을 위한 청년정책 TF(task force)를 구성하고, TF 단장인 행정부시장을 중심으로 17개의 관련 부서들이 참여하고 있었다. 부서 간 협업을 위한 최소한의 제도적 기반은 갖추어져 있었다.

청년정책은 좌(민간), 우(지자체)의 큰 두 날개를 펼쳐서 민(民)과 관(官)의 협업을 통해 온몸으로 날아오를 때 비로소 청년희망 대구가 실현될 수 있다고 보았다. 민간에는 대구청년센터가 청년활동거점으로서 역할을 시작했지만, 지역대학, 지역기업, 유관기관 및 시민사회가 참여하는 지역사회의 연대와 협업이 요구되었다. 그동안의 대구시 청년위원회, 트라이앵글 모임, 청년정책 TF의 운영 경험과 신뢰를 토대로 2018년 4월 민·청·관 협업 TF를 구성하였고, 5개 분과(창업, 일자리, 소통·생활안정, 문화예술, 대학협력) 총 82명이 참여하였다. 청년의 삶이 바뀌는 도시를 만들어나가는 빅Big 트라이앵글이다. 분과별 회의를 통한 대구시 청년정책 실행과제 제안과 검토를 통해서 대구형 청년보장제를 마련(18. 9. 11. 청년공감 원탁회의 개최)하고, 청년희망공동체 대구를 추진(19. 8. 29. 공감토크 개최)하는 구심체 역할을 하였다. 이는 훗날 청년을 중심으로 민과 관이 협력하여 청년이 겪는 사회문제를 함께 풀어나가고 지역의 미래를 함께 만들어나가는 청년희망공동체 대구를 선포(19. 12. 19.)하는 사회적 협약 체결로 이어졌다.

어려운 일을 도모할 때엔 쉬운 것에서 시작하고, 큰일도 미세한 일에서 시작해야 한다. 노자의 『도덕경』에 나오는 말이다.

圖難於其易 (도난어기이)

爲大於其細 (위대어기세)

天下難事必作於易 (천하난사필작어이)

天下大事必作於細 (천하대사필작어세)

어려운 일을 도모할 땐 쉬운 것으로부터 하고

큰 것을 만들 땐 미세한 것으로부터 시작하나니

세상 어려운 일도 반드시 쉬운 데서 만들어지고

세상 큰일도 미세한 것에서 이루어진다.

모든 변화는 소통에서 시작한다! 소통은 다른 사람을 설득하는 것이 아니라 대화를 통해서 나 자신부터 변화될 준비를 하는 것이다.

청년의 시간과 소득 지원

청년수당 전쟁과 확산

물고기를 줄 것인가?

물고기 잡는 법을 가르쳐 줄 것인가?

청년실업 등 청년이 겪는 사회문제에 대한 관심은 2015년부터 더욱 높아졌고, 지자체는 아무도 가보지 않은 길을 정책실험을 통해서 저마다의 대안을 마련하고 있었다. 2016년 1월 경기도 성남시가 청년에게 상품권을 주는 청년배당을 시작한 뒤 곧이어 7월 서울시에서 청년수당을 시작했다.

청년수당은 2015년 7월 서울청년네트워크에서 열린 서울청년의회에서 최초로 제안되었다. 이후 논의를 거쳐 2016년 7월 서울시청년활동지원센터가 개관하고, 2,831명의 청년활동 지원사업 첫 참여자가 선발되었다. 그런데 얼마 지나지 않아 보건복지부가

"청년들에 대한 현금 지원은 실업의 근본적인 해결 방안도 아니고 도덕적 해이 같은 부작용만 일으킬 것"이라며 서울시의 청년활동지원정책을 직권취소하여, 수당 지급이 중단되는 사건이 발생(2016. 8. 4.)하였다. 당시 서울시 청년수당 논쟁 때 정부는 물고기를 주지 말고, 물고기 잡는 법을 가르쳐 줘야 한다는 논리를 폈다. 이에 서울시는 대법원에 보건복지부 장관의 직권취소의 취소를 구하는 소를 제기하고 동시에 직권취소의 집행정지를 신청(2016. 8. 10.)했다.

"바다에 물고기가 많을 때는 잡는 방법을 아는 것이 효과적일 것이다. 그러나 이미 바다에서 물고기 찾기가 어려워졌다. 가끔 지나가는 물고기를 잡기 위해 동네 청년 모두가 낚싯대를 들고 바닷가에 앉아 있다가는 전부 굶어 죽을지도 모른다. 최소한 굶어 죽지 않게 하기 위해서라도 먹을 물고기를 나눠 줘야 한다."

당시 서울시 청년정책을 총괄했던 전효관 서울시 혁신기획관은 이제 일자리 중심의 청년 정책에서 청년의 주거, 건강, 부채 등 기본권 보호와 사회 참여를 확대하는 종합적인 사회안전망 정책으로 전환해야 한다고 강조하였다.[3]

2017년 4월, 1년 4개월간 서울시와 정부의 대립 끝에 수정동의

---

3) 전효관 서울시 혁신기획관, "[자치광장] 청년들에게 물고기를 나눠 줄 때다", 서울신문, 2017. 9. 5.

안에 대한 보건복지부의 동의가 이루어지고 2017년 6월, 5천여 명의 참여자를 지원하였다. 지급 대상자를 중위 소득 150% 이하로 저소득자 우선으로 선정기준을 명시하고, 기존 정부사업 참여자를 청년수당 지급 대상자에서 제외하며, 모니터링 강화를 위해 카드를 지급하는 조건 등이 수정동의안에 반영되었다. 이후 서울시의 청년수당은 정착되어 2020년에는 무려 3만 명의 청년들을 지원하게 되었다.[4]

성남시의 청년배당은 2016년 1월 청년배당 제도 시행 이후 3년 간 만 24세 청년 3만 1,543명이 1년간 100만 원(분기마다 25만 원씩)을 현금이 아닌 지역화폐 성남사랑 상품권으로 받았다. 총 311억 8,900만 원에 이른다. 경기도는 2019년부터 2022년까지 4년에 걸쳐 만 24세 청년 개인에게 분기당 25만 원, 연 100만 원을 지급하는 청년 기본소득 제도를 진행하고 있다. 2017년 경기도가 청년들에 대한 현금 복지를 도입했을 때 정책 명칭은 청년구직지원금이었다. 만 18~34세 경기도 거주 미취업 청년 5,000명(중위소득 80% 이하)에게 매월 50만 원씩 최대 6개월 간 지급하였다. 하지만 2018년 이재명 지사가 당선된 지 1년 만에 구직지원 사업이 사라지고 청년기본소득으로 바꾸었다. 경기도에서 추진하고 있던 청년구직지원금은 고용노동부의 청년구직활동지원금이 전국적으로 시행됨에 따라 2019년에 일몰되었다. 2019년 도입된 경기도의 청

---

4) "청년수당이 걸어온 길", 서울시 청년활동지원센터, 2020. 6. 29.

년기본소득은 지난 2020년 지급대상자(15만 308명)의 92.5%(13만 9003명)가 신청해 총 1,514억 원이 지급됐다.

문재인 정부 출범 이후 2017년 7월 고용노동부도 2009년부터 시행한 취업성공패키지에서 청년구직촉진수당(월 30만 원, 최대 3개월 간)을 신설하여 시범적으로 현금성 지원을 시작했다. 고용노동부에서는 청년구직촉진수당을 강화하고 확대하는 방향으로 2019년부터 전국의 8만여 청년을 대상으로 청년구직활동지원금 제도를 시행하였다. 졸업 후 2년 이내의 만 18세~34세 이하 청년들에게 6개월간 매월 50만 원씩 최대 300만 원을 지원하는 사업으로서 총예산 규모는 1,582억 원이었다.

당시에 현금성 청년지원은 중앙정부에서 전국의 청년을 대상으로 형평성을 고려하여 추진해야 한다는 청년들과 여러 지자체의 의견이 동시다발적으로 표출되고 수렴되면서 제도적 변화가 이루어졌다. 청년구직활동지원금 제도는 2020년 10만 명(1,640억 원) 규모로 추진되었고, 이후 2021년 국민취업지원제도로 개편되어 청년의 경우, 제1유형(청년 특례: 18~34세 구직청년, 중위소득 120% 이하), 제2유형(18~34세 구직청년, 소득 무관)을 포함하면, 2021년 23만 명, 2022년 25만 명 규모로 매년 확대되고 있다.

물고기를 나누어 줄 것인가? 물고기 잡는 법을 가르쳐 줄 것인가? 논쟁은 아직도 현재 진행형이다. 지난해 국민취업지원제도 시행 첫해 성적은 기대에 못 미치는 실정이라는 비판이 이어졌고, 청년들에게 잡은 물고기를 그냥 나눠주기보다는 물고기 잡는 법을 가르쳐주고 그물을 제공하는 게 근본 해법이라는 주장도 다시 나오고 있다.

과거 유럽 국가들이 실업수당 확대 등 적극적인 실업 부조 정책을 펼쳤으나 결국 실패했으며, 오히려 청년 실업자들의 구직 의욕을 떨어뜨리고 실업 기간을 늘려 청년 비非경제활동 인구 증가라는 부작용을 초래했다라는 것이다. 이에 따라 독일은 하르츠 개혁(Hartz Reform)을 통해 실업 부조 제도를 폐지하고 일자리가 최고의 복지라는 정책으로 전환했다는 전문가들의 비판도 있다.[5] 하르츠 개혁은 독일의 게르하르트 슈뢰더가 총리를 맡고 있던 2002년 2월 구성된 노동시장 개혁위원회가 당해 8월 내놓은 노동시장 개혁 방안을 말한다. 노동시장 서비스와 노동정책의 능률 및 실효성 제고, 실업자들의 노동시장 재유입 유도, 노동시장 탈규제로 고용 수요 제고 등이 주요 내용이다. 노동시장 개혁위원회를 폭스바겐의 담당 이사였던 피터 하르츠Peter Hartz가 위원장을 맡아 하르츠 위원회로 불리게 됐다.

국민취업지원제도의 성과에 대해서는 다각도로 추적평가가 이루어질 필요가 있으며, 선진국의 청년일자리정책을 다시 고찰해 보아야 한다. 특히 재학시기, 일자리로의 이행시기, 정착시기를 고려한 단계별 청년일자리정책이 강화되어야 할 것이다.

---

5) "[사설] 쏟아지는 청년 수당, 물고기 아닌 그물 주는 게 근본 해법", 서울경제, 2022. 1. 25.

청년수당 고백합니다

공론화로 찬/반 논쟁의 프레임에서 벗어나
새로운 지원모델을 만들다

청년수당에 대한 대구시의 의견 수렴은 2015년 12월 시민원탁회의에서 처음으로 이루어졌다. 청년을 중심으로 시민 329명이 참석하였는데 근소한 차이였지만, 청년수당에 부정적 의견이 더 많았다. 실효성, 예산 부족, 시기상조 등이 이유였다.

2017년에는 서울시와 경기도를 이어서 부산시의 청년 디딤돌 카드, 광주시의 청년 교통수당 드림 등 청년수당이 다양한 형태로 타 지자체로 확산되고 있었다. 청년수당은 청년정책을 논의하는 테이블을 점령하는 뜨거운 감자가 되었고, 비수도권 지방청년들의 상대적 박탈감은 점점 고조되고 있었다.

대구시는 2017년 청년정책과가 신설된 이후 청년수당에 대한 논의를 다시 시작하였다. 청년수당을 흉내내기식으로 무분별하게 도입하거나 포퓰리즘(인기영합주의) 정책으로 쉽게 치부하기보다는 공론화를 통한 재검토가 필요하다고 판단하였다.

2017년 10월 16일 대구시는 청년, 전문가, 시민이 참석하는 청년희망 공감토크를 열어 청년수당에 대해 토론했다. 중앙정부와 일부 지방자치단체의 현금성 지원정책을 살펴보고 대구가 나아가야 할 방향을 찾기 위한 열린 공론의 장이었다. 문화인류학자이며 1999년 '서울시립 청소년 직업체험센터(일명 하자센터)'를 설립한 조한혜정 연세대 명예교수와 대구청년센터장인 박상우 경북대학교 교수가 발제하고, 청년위원회, 시민단체, 지역 언론인 등이 토론자로 참여하였다.

청년희망 공감토크를 통해서 청년수당 도입에 관한 찬·반 논쟁의 프레임에서 벗어나 새로운 대안을 모색하는 공감대를 형성하였다. 첫째는 청년수당 도입의 철학적 배경은 청년들에게 단순히 돈을 주는 것이 아니라 청년들이 건강한 사회구성원으로서 성장할 수 있도록 청년들이 자율성을 갖고 실험과 도전을 할 수 있는 충분한 시간과 공간을 제공해 준다는 것이다. 이러한 지향 가치가 간과되고 무분별하게 도입되면 올바른 청년수당이라고 할 수 없다는 것이다.

둘째는 한정된 예산으로 정책을 실현해야 하기 때문에 면밀한 검토가 없으면 청년수당이 여타의 다양한 정책적 시도를 잠식하고 모든 청년정책을 매몰시킬 우려가 있다는 것이다. 셋째는 청년수당은 지자체 간 정책경쟁의 영역이 될 수 없다는 것이다. 프랑스 등 EU의 청년보장제도를 살펴봐도 청년보장(Youth Minimum)은 지역 간 차별이 있어서는 안 되므로 국가적인 차원에서 국민적 합의를 바탕으로 추진돼야 한다는 지적이다. 현재 지자체별로 각기 다른 청년수당 정책을 펴면서 지역 간 불균형이 나타나고 있고 재정 여건이 좋은 서울, 경기도 청년과 비교해 비수도권 지방의 청년은 정책 소외와 상대적 박탈감을 느끼게 될 가능성이 크다는 우려가 제기되었다.

이상의 논의 과정과 정책 설계 과정을 거쳐서 대구에서는 2019년부터 소위 대구형 청년수당인 청년사회진입활동지원금 정책을 시행하였다. 한편 대구를 비롯한 여러 지자체와 청년들의 의견이 동시다발적으로 모아지면서 제도적 변화가 이루어졌다. 고용노동부에서는 2019년부터 전국의 8만여 청년을 대상으로 청년구직활동지원금 제도를 시작하였다.

필자도 2017년 서울시 주최의 청년정책 패러다임 전환을 위한 청년 토론회(2017. 6. 9.) 등 여러 공개 토론회에 참가하여 현금성 청년지원은 중앙정부에서 전국의 청년을 대상으로 형평성을 고려하여 추진할 것을 건의한 바 있다.

청년정책 패러다임 전환을 위한 정책토론회는 300여 명의 청년, 관계자들이 참석한 가운데 서울시청에서 개최되었다. 전문가와 청년들의 생생한 목소리를 들을 수 있는 좋은 기회가 되었고, 대구의 청년정책 소식을 전하면서 몇 가지 의견과 제안을 드렸다. 첫째, 지방의 청년들은 더 힘들다. 공정한 출발을 위해서 지방재정의 격차로 지방의 청년들이 수저 격차, 학벌 격차에 이어 또 한 번의 격차를 느끼지 않도록 청년수당 등 현금성 지원은 중앙정부에서 부담해야 한다. 둘째, 중앙부처에 청년정책 관련 전담 채널을 지정 또는 신설해야 한다. 지자체에서 문을 두드릴 수 있는 중앙부처가 없다. 셋째, 청년정책 관련, 혁신의 DNA가 쉽게 교류·확산되고, 지방의 어떤 도시들도 청년이 꿈을 키울 수 있도록 도시 간 협력과 연대를 해야 한다. 마지막으로, 앞으로 청년문제라는 표현을 사용하지 말자고 했다. 이 표현은 본뜻과 상관없이 청년을 정책의 대상으로 국한하고, 부정적인 느낌을 전달하고 있기 때문이다. 언어습관이 중요하다. 전주에 서난이 청년 시의원이 청년이 겪는 사회문제라고 부르자고 처음 이야기를 했었는데, 이를 채택하여 사용하자고 거듭 제안하였다.

　대구형 청년수당은 중앙정부와 서울 등 타 지자체의 청년수당 지원정책과 차별화된 특징을 가지고 있다. 첫째, 수당지급을 구직활동을 전제로 한 것이 아니라, 사회진입활동을 전제로 하였다. 청년들을 의무감으로 준비 안 된 구직활동으로 밀어내는 것이 아니라, 본격적인 구직활동 이전에 자신의 길을 찾아나가는 상담과 진로탐색단계부터 앞서 지원을 하였다. 둘째, 고용노동부나 다른 지방자치단체에서는 구직활동 수당만 지급하지만(현재는 서울시에서도 본인이 원하는 경우, 수당을 받은 이후 연계 프로그램에 참여할 수 있도록 기회 제공), 대구시에서는 수당과 함께 사회 진입을 위한 3개 유형의 프로그램을 함께 제공하여 구직활동뿐만 아니라 상담형, 진로탐색형, 일 경험형의 3가지 유형별로 맞춤형 기회를 제공하였다. 셋째, 타 청년수당은 생애 1회만 지원하지만, 대구시는 유형별로 1회씩 총 3회를 지원하여 청년에게 생애 3번의 기회를 제공한다. 무엇부터 시작해야 할지 막연한 청년은 상담 연결형(30만 원), 구체적으로 직업과 진로를 설정하고 싶은 청년의 갭이어Gap year 활동을 지원하는 진로탐색형(150만 원), 우리 지역에 원하는 업종에서 일 경험을 쌓고 싶은 청년은 예스매칭(150만 원)을 선택할 수 있다.

지금 이 시대의 청년에게는 물고기 잡는 법을 가르쳐주면서, 물고기도 동시에 주어야 한다. 이분법으로 접근할 것이 아니라, 사람중심으로 필요한 정책을 연결해야 한다. 그리고 청년에게 어떤 물고기를 잡고 싶은지 먼저 물어보아야 한다.

기본소득 아닌, 참여소득
일자리 소멸 위기로
청년의 자립과 미래투자를 위한 정책실험이 필요하다

2020년 미국 민주당 대선후보였던 앤드류 양은 문제 해결사(Problem Solver)를 자처하며 기본소득을 선거공약으로 걸었다. 모든 성인에게 월 1,000달러를 조건 없이 지급하겠다는 것이다. 무명의 후보에서 단기간에 8%까지 지지율이 상승하면서 민주당 경선에서 4위에 올랐다. 한국에서는 몇 년 전만 하더라도 기본소득은 허무맹랑한 포퓰리스트의 이야기로 취급받거나 4차 산업혁명으로 인한 일자리 소멸 위기에 대비한 미래담론에 머물러 있었을 것이다. 하지만 2020년 기본소득은 한국 정치판의 가장 뜨거운 쟁점이 되었다.

"빵을 먹고 싶은데 사 먹지 못하면 무슨 자유가 있느냐."며 기본소득을 암시하는 발언을 던져 정치권을 달궜던 김종인 미래통합당 비상대책위원장은 하루 만에 기자회견(20. 6. 4.)에서 "시기상조"라며 진화했다. 그러나 "청년들은 일자리를 갖기 전에 어느정도 소득을 보장해 줘야 하지 않느냐. 이건 기본소득과는 다르다."며, 청년에 대한 소득보장 정책은 가능하다는 여운을 남겼다. 통합당의 이남자(20대 남성) 끌어들이기라는 해석이다.[6] 김종인 위원장은 21대 총선에서 통합당 총괄선거대책위원장 자격으로 모든 대학생·대학원생에 1인당 100만 원의 코로나19 긴급재난장학금을 주자는 공약을 제시했었다.[7]

지난 2020년 10월 6일 국민의당은 모든 청년에게 월 30만~50만 원씩 현금을 지급하는 기본소득 정책을 시행하자고 제안했다. 국민의 힘 소속인 조은희 서울 서초구청장이 청년 기본소득을 실험하겠다고 공언한 지 하루 만이다. "4차 산업혁명 시대에 일자리 축소 문제가 심각하다."며 "부족한 재원을 가지고 대응할 최선의 방법은 무엇인지 논의를 시작해야 한다."라고 국민의당 안철수 대표는 기본소득 도입 필요성을 강조했었다.[8] 국민의당은 37대 정책 과제 중 첫 번째 과제로 청년 기본소득을 제시했다. 월 30만 원씩 지급할 경우 연 5조 6,000억 원, 50만 원씩 주면 약 10조 원의 예산이 필요할 것으로 국민의당은 추계했다. 현행 직업

6) 김종인 "기본소득 당장 안 된다, 그런데 청년 소득은 보장하자", 서울경제 2020. 6. 5.
7) "[단독] 김종인 1호 정책에 청년기본소득 담는다", 한국일보, 2020. 6. 3.
8) "청년 기본소득 선심경쟁에 안철수도 가세", 한경닷컴, 2020. 10. 6.

훈련과 취업성공패키지 사업 등 청년정책예산을 합치면 12조 원에 달하며 청년 기본소득 예산으로 돌려서 쓸 수 있다는 설명이다. 경기도는 2019년부터 2022년까지 4년에 걸쳐 만 24세 청년 개인에게 분기당 25만 원, 연 100만 원을 지급하는 청년 기본소득제도를 진행하고 있다. 서울시 서초구의 청년 300명에게 2년간 1인당 1,250만 원을 지급하겠다던 청년 기본소득 실험은 포퓰리즘 논란이 구의회를 중심으로 이어지면서 2021년 8월 사실상 무산됐다.

정치 공동체(중앙정부 및 지방정부)가 일정한 금액의 현금을 자격심사 없이, 반대급부 요구 없이, 개별적으로 지급하는 것, 2009년 만들어진 기본소득 한국네트워크는 기본소득의 세 가지 핵심적 특징으로 보편성, 무조건성, 개별성을 꼽고 있다. 특정 계층이나 집단을 선별해 지급하는 게 아니며 여건에 상관없이 모두에게 지급한다는 점에서 보편성이 최우선 요소다. 우리보다 앞서 기본소득에 대한 논의가 시작된 서구 학계에서 이 개념을 통상 보편적 기본소득(universal basic income)으로 명명하는 이유다. 보충적 특징으로는 정기성과 현금성을 든다.

기본소득은 영국사람이지만 미국 독립전쟁을 주도해서 미국 국부의 한 사람으로 존경받고 있는 토마스 페인(Thomas Paine, 1737~1809)의 아이디어에서 시작한다. 그는 『농업적 정의』(1796년)라는 책에서 토지는 인류의 공동자산이며, 토지를 사유하고 있는 사람은 지대를 내야 한다고 하였다. 나아가 지대를 재원으로 해서 21세가 되는 모든 사람에게 15파운드를 지급하고 50세가 되는 사람에게 매년 10파운드씩 지급하자고 제안했다. 그리고 이것은 "자선이 아니라 권리이며, 박애가 아니라 정의다."라고 했다. 기본소득은 모든 이가 사회에 대해 일종의 배당을 받을 권리가 있다는 생각을 기반으로 시작된 주장이다.

기본소득과 유사한 제도로는 1960년대 우파적 사상가이자 노벨 경제학자인 밀턴 프리드먼Milton Friedman이 주장한 마이너스 소득세(negative income tax)가 있다. 최저 생계비보다 적게 버는 모든 사람에게 그 차액을 국가가 보조금으로 메워주자는 주장으로서 프리드먼은 복지를 개혁해 마이너스 소득세로 통합하고자 하였다. 밀턴 프리드먼의 사상은 "공짜 점심은 없다."는 그가 남긴 유명한 말을 들으면 쉽게 짐작할 수 있다. 지난 4·7 보궐선거를 통해 10년 만에 서울시로 복귀한 오세훈 시장이 공약으로 제시한 안심소득은 마이너스 소득세의 아이디어를 활용해 성신여대 박기성 교수가 창안한 제도이다. 서울시는 2025년 3월까지 중위소득 85%(소득 하위 33%) 이하, 재산 3억 2600만 원 이하 800가구에 중위소득 85%에 못 미치는 금액의 절반을 서울시가 지원하는 시범사업을 시행하기 위해 2022년도 예산에 74억 원을 반영했다.[9] 하지만, 민주당이 절대다수 의석을 차지하고 있는 서울시의회에서 이른바 오세훈 사업인 안심소득의 예산을 52% 삭감하였다.

---

9) "안심소득, 이재명 기본소득과 비교 말라", 국민일보, 2021. 11. 22.

기본소득은 충분한 실험과 국민적 공감대 형성과 합의가 선행되어야 한다. 스위스, 핀란드도 여전히 실험 중이다. 기본소득에 대한 실험은 다양하게 이루어지고 있다.[10) 스탠퍼드대 기본소득실험실(BIL · Basic Income Lab)이 집계해 홈페이지에 발표한 자료에 따르면 핀란드 등 전 세계 39곳에서 기본소득제 관련 실험이 완료됐고, 독일, 스페인, 이란 등 17곳에서 진행 중이다. 또한 영국 스코틀랜드, 미국 등 8곳에서 관련 실험이 진행 예정인 것으로 파악됐다. 한국에서 경기도가 추진하는 청년기본소득과 농촌기본소득 정책도 각각 기본소득 실험 진행 중인 사례, 제안된 사례로 소개됐다. 하지만 기본소득제도의 보편성, 무조건성, 정기성 등의 필수 기준을 충족하는 모델로는 미국 알래스카주가 대표적이다. 지난 2월 2일 이낙연 더불어 민주당 대표가 기본소득제를 두고 "알래스카 빼고는 그것을 하는 곳이 없다."라고 지적한 발언은 온라인에서 화제가 됐다. 알래스카주는 "주의 자원은 주민의 소유"라는 주 헌법에 따라 1976년 석유 등 천연자원 수입 일부를 활용해 알래스카 영구기금(Alaska Permanent Fund)을 조성했으며, 1982년부터 기금 수익금 일부를 주 거주기간 1년 이상인 모든 주민에게 매년 지급한다. 액수는 영구기금 실적의 5년 평균에 근거해 결정되는데 초기에 1인당 연 300달러 수준이던 배당금은 2008년 2,000달러를 넘어섰다.

---

10) "[팩트체크] 기본소득제, 美알래스카만 해외사례 보니", 연합뉴스, 2021. 2. 10.

기본소득에 대한 국가적인 차원의 논의와 정책실험은 스위스와 핀란드가 대표적이다. 정부는 기본소득을 제공해야 하며 기본소득은 사람들이 존엄하게 살고 공공의 생활을 영위할 수 있도록 해야 하고 기본소득의 액수와 재원 조달 방안은 법률로 정한다. 2016년 6월 15일 스위스 국민투표에서 기본소득 도입안은 반대 77%로 부결됐다. 하지만 투표자 설문조사 응답자의 69%는 기본소득이 다시 스위스에서 국민투표 의제가 될 것으로 예상했다.[11]

핀란드의 중도우파 정부는 2017년부터 2년 동안 기본소득 실험을 했다. 조건부 실업급여 560유로(약 70만 원)를 받던 사람 2,000명을 뽑아 조건 없이 기본소득을 준 것이다. 핀란드 현지 학자인 헤이키 히일라모 헬싱키대 사회정책학부 교수는 "노동시장에 미치는 효과는 무시할 정도고, 주관적 복지(행복도 등)가 나아졌다는 조사 결과도 신뢰하기 어렵다." 였다.[12]

2016년 1월 스위스 다보스 포럼에서는 4차 산업혁명으로 로봇, AI 등이 사람의 노동력을 대체하여 일자리 소멸 위기에 직면하게 될 것으로 전망했다. 이로 인해 지속적인 실업 증가와 불평등, 소비 감소에 따른 불황을 경험하게 될 것이라고 단언했다. 최근 테슬라로 유명한 일론 머스크 같은 실리콘밸리 기업가들이 기본소득을 찬성하고 나선 배경이다. 로봇의 도입 등으로 막대한 부를

---

11) 조원경, 『경제적 청춘』, 쌤앤파커스, 2017년 5월.
12) "기본소득제, 먼저 해본 핀란드가 말해준다. 결과는 충격적", 중앙일보, 2020. 6. 9.

버는 이들에게서 세금을 걷어 기본소득으로 재분배를 해야 한다는 주장이다. 이는 소득과 소비가 없이는 기업의 생산활동과 존립도 불가능하기 때문이다. 기본소득은 토지, 지식, 최근엔 빅데이터 등 인류의 공통자산에서 창출되는 부의 재분배에 대한 시민권과 사회참여를 사상적 기반으로 하고 있으며, 개인의 행복과 공동체의 번영을 위한 사회적 가치를 궁극적으로 추구하고 있다. 하지만 기본소득은 충분한 실험과 국민적 공감대 형성이 선행되어야 한다. 세금도 적고 사회안전망도 미비한 저부담·저복지에서 중부담·중복지로 갈 것인가? 하는 국민의 합의가 필요하다.

청년의 노동은 삶의 권리이자 자립의 요건이고, 미래에 대한 투자이다. 4차 산업혁명의 어두운 그림자가 드리울 것으로 예견되었던 고용 없는 세대, 잃어버린 세대의 위기는 코로나19로 인한 고용쇼크로 현실화되고 있다.

IMF세대보다 더 힘겨운 코로나세대를 위해서는 청년고용촉진특별법 이상의 조치가 필요하다는 것은 자명하다. 대기업과 중소기업의 양극화로 인한 노동시장의 이중구조를 해소하여 일자리를 지키는 것은 물론, 사라지는 일자리를 대체할 일거리를 만들어야 한다. 그리고 일자리를 청년들이 스스로 만들 수 있도록 경험과 역량을 축적하기 위한 최소한의 시간을 확보해 주고 다양한 기회를 제공해야 한다. 이러한 배경으로 최근 기본소득 도입 논의가 청년 기본소득 논쟁으로 점화되고 있다. 청년의 노동은 취업률의 문제가 아니라 일을 통해 삶의 희망을 만들기 위한 권리이며, 한 세대가 자립하기 위한 요건이고, 미래 세대에 대한 투자의 문제이다.

청년 참여소득은 노동의 의미와 직업의 가치에 대한 시대적 전환을 위한 사회임금이자 사회적 투자가 될 수 있다. 국가적 차원에서 청년 참여소득의 도입 검토와 논의가 필요하다. 사회적 난제로서 청년들의 고용절벽과 청년 기본소득 도입 논의의 중요한 배경은 청년들의 원활한 사회진입 지원으로 압축된다. 따라서 청년들의 사회참여 활동을 위한 시간적 여유를 확보해 줄 수 있는 최소한의 소득보장과 사회적 가치가 있는 활동기회를 제공하는 것이 관건이다. 이러한 맥락에서 영국의 경제학자 앤서니 앳킨슨〔Anthony(주로 Tony) Atkinson〕에 의해 처음 제안된 참여소득(Participate Income)은 현실적 대안으로써 국가적 차원에서 도입 검토와 논의가 필요하다.

1996년에 나온 그의 논문 「The case for a participation income」에서 참여소득이 구체적인 논리 체계를 가지게 된다. 기본소득을 참여라는 조건에 따라 지급하자는 것이 논문의 핵심이다. 이 논문에서 앳킨슨은 참여를 노동시장 참여로 한정하지 않았으며, 교육, 훈련, 자녀돌봄, 고령자 또는 장애자 돌봄, 승인된 자발적 임무 등을 포함했다. 참여 조건도 단순히 유료 일자리만이 아니라 사회적 기여까지 폭넓게 정의했다.[13]

---

13) 이상준 한국직업능력개발원 선임연구위원, "기본소득 대신 참여소득 논의를", 프레시안, 2020. 11. 27.

4차 산업혁명, 코로나19로 청년 일자리의 소멸은 가속화할 것이다. 일자리가 줄어든다면 줄어든 일자리를 대신할 일거리를 만들어서라도 청년에게 일할 권리를 부여해야 한다. 사회 진입을 위해 새로운 경험을 쌓고, 역량을 키우기 위한 활동, 지역사회 문제해결과 타인과 공동체를 돌보는 활동을 하는 청년들에게 기본적인 생활이 가능하고, 실험하고 도전할 수 있는 활동비를 지원할 필요가 있다. 청년 참여소득은 노동의 의미와 직업의 가치에 대한 시대적 전환을 위한 사회임금이자 사회적 투자가 될 수 있다.

2016년 성남시의 청년배당, 2019년 경기도의 청년 기본소득 시행은 만 24세 청년에게 한정적이었지만, 기본소득의 정책실험이었다. 반면 2019년에 시행한 대구시의 사회진입활동지원금 도입과 2017년 하반기에 시작한 대구×청년 소셜리빙랩Social Living Lab 사업은 참여소득 유형의 작은 정책실험이라고 할 수 있다. 청년 참여소득은 청년들이 자유롭게 실험하고 도전할 수 있는 기회를 보장하자는 취지이다.

국가적 차원에서 청년들의 노동권리와 미래투자의 관점에서 청년 참여소득의 도입 검토와 논의가 필요하다. 돌봄 사회, 탄소중립, 문화예술 등의 분야에서 청년들이 자유로운 실험과 도전을 할 수 있도록 일정 기간 동안 기본적인 생활비와 활동비를 지급하면 청년들에게는 색다른 경험을 쌓는 갭이어Gap year 활동이 될 것이며, 청년들의 취·창업과 사회적 기여를 기대할 수 있다. 또한 비수도권 소재 청년들에게는 지방소멸 위기에 대응한 지역공동체 연계형 혁신활동을 지원하는 청년 참여소득을 지원한다면, 수도권으로의 급격한 청년유출을 완화하고 수도권 청년의 유턴을 증가시키는 데 다양한 경로의 변화를 촉진할 것으로 기대된다.

청년희망적금 가입하셨나요?

청년자립을 위한 목돈 마련,

청년자산형성지원 어디까지 가능할까?

최근 포털 사이트에서 청년이라고만 치면 가장 먼저 뜨는 연관 검색어가 청년희망적금이다. 2022년 2월 21일 청년희망적금이 11개 은행을 통해서 출시되었다. 청년희망적금은 지난 2021년 8월 26일 국무총리실에서 청년특별대책의 일환으로 처음 시행한 제도로서 기획재정부와 금융위원회에서 총괄하였다. 청년희망적금 가입대상은 만 19세 이상 34세 이하 청년으로, 직전 과세기간(2021년 1월~12월)의 총 급여 3,600만 원 이하면 가입이 가능하다. 월 최대한도 50만 원씩 2년 저축하면, 기본금리 5~6%에 저축장려금, 비과세 혜택을 얹어 약 1,298만 5천 원을 돌려준다. 98만 5천 원, 수익률로 따지면 연 10% 안팎이다. 당초 배정한 예산은 38만 명분(50만 원 가입시, 456억 원)이었다.

청년희망적금은 선착순 게임처럼 예산이 동나면 가입을 할 수 없을지도 모른다는 불안감이 확산되었고, 결국 당초 예상의 7배를 훨씬 넘는 약 290만 명이 가입했다. 사전 미리 보기 조회에 200만 건이 몰리며, 조기 마감이 우려되자 정부는 2월 22일에 다음 달 3월 4일까지 가입요건을 충족하는 청년은 모두 가입할 수 있도록 하였다.

당초 청년 자산형성 지원이라는 의도는 좋았으나 청년층 모집단 규모나 정책 수요도 제대로 파악하지 않은 채 시행하여 청년 희망적금에 290만 명의 가입자가 몰리면서 정부와 은행이 각 1조 원씩, 총 2조 원의 추가 부담을 질 것으로 추산되어 정책 설계 실패의 비판을 받기도 한다.[14] 금융위원회는 재형저축(2013~2015년) 운영 시 청년층 계좌 규모를 추정했다고 한다. 당초 정책 설계 시에 유사한 제도를 운영해 왔던 보건복지부와 얼마나 소통과 협력을 했을지? 아니면 얼마나 가능했을지? 궁금하다.

자산형성지원사업은 국민기초생활보장 수급자와 차상위계층 대상자가 본인 저축액에 정부지원금(근로소득 장려금)을 매칭 적립해 자립·자활에 필요한 자산을 형성할 수 있도록 지원하는 사업이다. 동 사업은 국민기초생활 보장법(제18조의 4)에 근거하고 있다. 정부의 저소득 대상 자산형성지원사업은 2010년 2월 희망키움통장으로 시작하였다. 희망키움통장은 보건복지가족부의

---

14) "290만 명 청년희망적금 예산·은행, 2조 부담… 이재명·윤석열 확대", 머니투데이, 2022. 3. 7.

2010년 주요 정책과제인 일을 통한 적극적 탈빈곤 정책의 핵심사업으로, 그간 자활장려금, 근로장려세제(EITC) 대상에서 제외되어 별도의 근로 유인이 없던 일반 노동시장에서 일하는 기초 수급자에게 근로 인센티브를 지원하는 정책적 의의가 있었다. 이후 희망키움통장에 가입한 기초생활수급자의 탈수급율이 60%를 넘어서자 보건복지부는 2014년 7월 희망키움통장 II를 추가하여 차상위계층(최저생계비 120% 이하인 차상위계층 중 근로사업 소득이 90% 이상인 가구)까지 확대하였다.

청년특별대책(2021. 8. 26.) 이전에 정부의 청년자산형성지원사업은 보건복지부에서 취약계층 청년들을 대상으로 한 청년희망키움통장과 청년저축계좌가 시행되고 있었다. 2018년 3월에 발표된 청년희망키움통장은 기초생활수급자(중위소득 30% 이하)인 청년에게 월 40만 원씩 저축을 지원해서 탈빈곤과 저축에 대한 동기를 부여하는 것이다. 이 통장에 가입한 청년들은 꾸준한 근로활동으로 3년 이내에 생계급여 수급자에서 벗어나야 정부가 근로소득장려금을 추가로 지원하며, 수급자에서 벗어나지 않는 경우에는 소정의 이자만 지급한다.

청년저축계좌는 경제활력 대책 차원에서 발표한 청년 희망사다리 강화 방안(2019년 7월)의 일환으로 2020년 4월부터 보건복지부가 시행하였다. 이 통장은 만 15세부터 39세까지의 주거·교육수급 및 차상위 계층 8,000명을 대상으로 시작했다. 차상위계층 청년의 사회 안착을 위해 목돈 마련을 지원하고 자립을 촉진하기 위해 저축액 10만 원당 정부가 근로소득장려금 30만 원을 지원해 3년 만기 후 최대 1,440만 원을 주는 것이다. 2021년 기준 청년희망키움통장(생계수급자), 청년저축계좌(주거·교육 수급자, 차상위자)로 약 1.8만 명을 지원하였다.

2021년 8월 26일 국무총리실에서 청년 세대 격차해소와 미래도약 지원을 위한 청년특별대책을 관계부처 합동으로 발표하였다. 그간 자산형성지원사업은 수급자·차상위(중위소득 50% 이하) 청년만을 지원하여 지원 대상이 한정적이었으나, 저소득 근로청년들의 자산형성 지원을 위해 2022년 하반기부터 청년내일저축계좌를 도입하고 지원대상을 2021년 1.8만 명에서 2022년 10.4만 명으로 대폭 확대하기로 하였다.

이처럼 정부의 자산형성지원사업은 2010년 2월 희망키움통장을 시작으로 2014년 7월 희망키움통장 II, 2018년 3월 청년희망키움통장, 2020년 4월 청년저축계좌에 이르기까지 점점 소득기준이 상향되고, 매칭되는 정부지원금이 증액되었다. 특히 2021년 8월 청년특별대책에 의한 청년내일저축계좌와 청년희망적금 및 소득공제 장기펀드는 지원대상 자격조건을 대폭 완화하여 폭 넓은 청년계층이 수혜를 볼 수 있는 보편적 복지정책으로 전환되었으며, 시중 은행까지 참여하는 범사회적인 청년자산형성지원으로 강화되고 있다.

청년희망적금이라는 동명의 정책은 대구시가 2019년에 대구형 청년 보장제의 일환으로 단기근로청년의 자산형성과 미래설계를 지원하기 위해 전국 최초로 시작했다. 당시에는 중소기업에 정규직으로 취업한 청년들의 자산형성을 지원하는 청년내일채움공제가 있었지만, 비정규직 단기근로청년을 위한 자산형성 지원정책은 없었다.

청년내일채움공제는 2018년 3월 15일 발표한 청년 일자리 대책의 일환으로 시작되었다. 미취업 청년의 중소기업 등 정규직 일자리 취업을 촉진하고 장기근속 유도를 목적으로 하였다. 나아가 대기업과 중소기업의 임금격차 완화에도 기여할 것으로 기대하였다. 2018년에는 신규 취업자가 3년간 근무하면서 600만 원을 적립하면 기업이 600만 원, 정부가 1,800만 원을 각각 지원하여 3천만 원의 종잣돈을 마련할 수 있었다. 그러나 3년형은 예산부족과 혜택 인원 증가를 이유로 2021년 폐지되었다. 현재는 청년 300만 원+기업 300만 원+정부 600만 원=1,200만 원, 2년형으로 시행되고 있다.

대구시의 청년희망적금은 청년 근로와 저축을 연계해 저소득 단기근로청년이 6개월 동안 근로활동을 하면서 60만 원을 저축(10만 원×6개월)하면 대구시가 180만 원의 지원금을 지급해 청년이 총 240만 원의 소액자산을 형성할 수 있도록 도움을 주는 사업이다. 나아가 일종의 비상금을 마련해 주어 악성 부채도 방지하는 효과를 기대하였다. 지원기준과 선정기준에 소득기준이 있는 것은 저소득 청년을 우선 지원하고 제한된 예산 내에서 지원하기 위해서다. 2022년은 600명 지원을 위해 10억 8천만 원 예산을 편성하였다. 2019년부터 2021년까지 최종 청년희망적금을 수령한 청년들은 1,340명이다.

2020년 대구시의 청년희망적금에 참여한 청년에 대한 설문조사(21. 1. 1.~ 5.24., 400명 중 385명 응답) 결과, 진로 탐색, 취·창업 준비, 미래설계 등에 도움(93%), 보통(6%), 도움 안 됨(1%)으로 나타났다. 사업참여 이후 변화(최저 0점~최고 7점)를 보면, 대구에서 취·창업 의향(3.97→6.14), 대구에서 살고 싶다는 의향(4.21→6.08) 모두 크게 상승하였다. 또한 대구시민 소속감(3.97→6.40), 대구시민 자부심(3.82→6.16)도 큰 폭으로 상승하였는데, 이는 청년희망적금의 사용 용도와 효능감과는 직접적인 관계는 없다. 다만, 주목할 부분은 사회진입과정에서 어려운 시기를 보낼 때, 지자체의 지원이 지역사회에 대한 소속감과 자부심을 갖게 하고, 향후에 지역공동체에 대한 관심과 또 다른 사회참여 활동으로 이어질 수 있음을 확인할 수 있었다.

대구시의 청년희망적금에 참여한 정지은 씨의 인터뷰다. 아르바이트 비용으로 생활비를 충당하다 보니 적금을 들기가 좀처럼 쉽지 않았는데 청년희망적금으로 자신이 하고 싶은 일을 하기 전 먼저 나눔을 실천했다. 적금을 받고 가장 먼저 대구지역의 한 보육원을 찾았다. 정 씨는 "적금 만기 당시 크리스마스를 며칠 앞둔 시기였다. 보육원 아이들이 생각났고, 케이크를 선물하게 됐다." 고 했다. 자신도 넉넉한 사정이 아니었지만 어려운 이웃에 대한 생각이 앞섰다고 한다.[15]

이제 청년들은 윤석열 대통령의 대표적 청년공약인 청년도약계좌를 주목하고 기다리고 있다. 청년도약계좌는 만 19~34세의 근로·사업소득이 있는 청년을 대상으로 매달 70만 원 한도 안에서 일정액을 저축하면 정부가 최대 월 40만 원을 지원해 10년 만기(연 3.5% 복리)로 1억 원을 만들어주는 계좌다. 어떻게 정책설계가 최종적으로 이루어질 것인가? 가장 중요한 것은 청년의 자립을 위한 디딤돌이 되어야 한다. 최대한 과거의 유사 정책을 비교·분석하고, 정책설계 과정에 청년들을 직접 참여시켜야 한다. 그래야만 시행착오와 부작용을 사전에 방지할 수 있다. 정부의 청년자산형성지원사업이 청년들의 공정하고 공평한 삶의 출발 기회를 보장할 수는 없겠지만, 부의 양극화라는 현실에서 직면해야 하는 기회의 격차를 줄여 줄 수 있길 기대한다.

15) ["대구청년 꿈꾸는 대로, 대구시와 영남일보가 응원합니다"] (4), 계명대 경영정보과 4학년 정지은 씨, 영남일보, 2020. 11. 18.

잃어버린 세대가 되지 않도록

히키코모리를 아십니까?

니트NEET 청년과 은둔형 외톨이 비율이
높아지고 있다

2019년 5월 우리는 일본 언론보도에 쿵쾅거리는 가슴을 쓸어내려야 했다. 50대 남성이 등굣길에서 초등학생을 대상으로 흉기로 난동을 부려서 2명이 사망하고 16명이 다쳤다는 충격적인 소식이었다. 50대 남성은 히키코모리로 알려졌다. 놀란 가슴을 채 진정하기도 전에 6월에는 일본의 전직 차관 출신 70대 남성이 40대 히키코모리 자녀의 행동을 제지하다 자녀를 살해하는 안타까운 소식이 이어졌다. 히키코모리 ひきこもり는 우리말로는 은둔형 외톨이로 알려져 있다. 장기간 자신의 집이나 방에 틀어박혀 사회적 활동에 참가하지 않는 사람을 일컫는다. 열등감으로 인한 적응 부재에서 시작되다가 외부와의

유일한 창구인 인터넷에 중독증·의존증으로 빠져드는 경우가
많다.

일본에서는 1990년대 중반 이후 사회문제화되면서 히키코모
리가 주목받기 시작했다. 일본의 경우, 1991년부터 2000년대 초
반까지가 잃어버린 10년으로 취업 빙하기였다. 이 취업 빙하기
시대를 살아온 세대는 1970년생부터 1980년대 전반생까지로 잃
어버린 세대(Lost Generation)라고도 한다. 우리나라는 IMF세대, 최
근에는 코로나세대라고 부르는데, 같은 맥락이다. 일본 정부에
의하면 일본의 히키코모리는 전체 연령에 120만 명, 인구의 1%
에 육박한다고 한다. 이 중에서 세상을 거부한 중년 히키코모리
는 61만 명이라고 한다. 퇴직, 질병, 인간관계 등 여러 이유가 있
지만, 중년에 외톨이가 된 이유는 일자리 문제가 가장 많았다. 중
년 히키코모리에 놀란 일본이 취업 빙하기 시대 세대에 대한 지
원에 나섰다고 하나, 일본은 이미 사회적 비용을 크게 부담하였
고, 일본의 전문가들은 정부 정책은 실패했다고 보는 것 같다.

일본의 경우 6개월 이상 사회적으로 고립된 청년을 기준으로 히
키코모리라고 부르고 있다. 우리나라는 은둔형 외톨이에 대한 정
부의 공식적인 통계는 아직 없다. 우리나라는 3개월 이상 사회적
관계를 맺지 않은 청년들을 운둔형 외톨이(고립 청년)라고 말하며 국
내에는 30만 명으로 전문가들이 추정하기도 한다. 대한민국 청년
들이 겪고 있는 사회적 고립을 이야기하고자 한 〈SBS 스페셜〉
'은둔형 외톨이, 나는 고립을 선택했다' 프로그램은 2020년 3월

29일 자체 최고 시청률 5.6%를 기록했다. 은둔형 외톨이 청년들을 이대로 방치해 두면 미래에는 사회적 비용이 더 많이 발생할 것이 분명하다.

영국, 프랑스, 일본 등 주요 선진국들은 일찍이 청년 니트NEET에 주목해 다양한 정책을 펴왔다. 경제협력개발기구(OECD)에서 자체 기준을 마련해 2019년 발표한 청년 니트 비율(2017년 적용기준)을 보면, 우리나라는 18.4%에 이르러 OECD 전체 36개 회원국 평균(13.4%)보다 높고 36개국 가운데 30위로 니트 상태인 청년이 많은 것으로 나타났다. 김기헌 한국청소년정책연구원 청년정책연구실장이 OECD 기준으로 별도로 추산해 본 결과, 이 수치는 2018년 19.2%, 2019년 19.9%로 계속 늘어 코로나19 팬데믹 직후인 2020년에는 20.2%에 진입한 것으로 나타났다.16)

청년정책 측면에서는 니트(NEET: Not in Education, Employment or Training) 청년의 규모를 먼저 살펴볼 필요가 있다. 니트는 학생이나 직장인이 아니면서 직업훈련도 받지 않는 청년으로 분류된다. 구직활동을 하지 않거나 근로의욕이 없는 청년 무직자로 강조되기도 한다. 니트 상태가 장기화되면 은둔형 외톨이가 될 가능성이 높다. 따라서 니트 청년의 규모를 파악하면, 은둔형 외톨이로 고립된 청년들의 규모를 추정할 수 있고, 예방정책을 수립하는 데에도 도움이 된다.

---

16) "고용보호 사각지대, 한국 청년 니트 코로나19 이후 열에 둘로 증가세", 한겨레, 2021. 9. 1.

지역별 고용조사의 구직 단념자를 기준으로 은둔형 외톨이가 될 수 있는 위험군인 비구직 니트의 규모를 추정할 수도 있다. 지난 3년간 통계를 분석한 결과, 대구 청년 구직단념자 수는 2019년 상반기 9천597명에서 2020년 동기 2만 5천265명으로 두 배 이상 늘어난 것으로 집계됐다. 코로나19 직격탄을 맞은 청년들의 취업 빙하기가 얼마나 혹독했는지 알 수 있다. 지난 2021년 상반기에는 소폭 감소해 1만 9천122명으로 파악됐다. 지역별 고용조사는 우리나라 시·군 단위의 고용현황을 파악하기 위해 반기별로 실시하는 국가지정 통계로 전국 23만4천 표본가구를 조사대상으로 하고 있다. 원자료 분석은 6개월 이후에야 가능하다.

  2021년 10월 10일 한국청소년정책연구원이 18~34세 청년 3천520명을 대상으로 한 「2020년 청년 사회·경제실태 및 정책방안 연구」에 따르면 평소 외출 정도를 묻는 문항에 '집에 있지만 인근 편의점 등에 외출한다.', '집 밖으로 나가지 않는다.'라고 응답한 비율은 3.4%로 나타났다. 김기현 한국청소년정책연구원 사회학 박사는 "이 표본조사를 토대로 국내 은둔형 외톨이 청년 규모를 약 37만 명 정도로 추산할 수 있다."라고 했다. 같은 과정을 적용하면 지난해 대구 전체 청년 인구 64만 3천303명 중 은둔형 외톨이 청년 규모는 대략 1만~2만 명 정도로 추정된다고 했다. 은둔형 외톨이 청년 규모는 2018년 0.9%, 2019년 2.4%, 2020년 3.4%로 매년 늘고 있다는 것이다. 코로나19로 인한 비대면 수업 증가와 바깥 활동의 어려움, 취업준비 기간 장기화, 비대면 미디

어의 일상화 등 복합적인 이유가 있다.[17]

일본의 청년돌봄 현장르포[18]

히키코모리의 자립을 돕는 최전선에는

민간 비영리단체가 있다

일본은 버블경제가 끝나고 1990년대 초반부터 2000년대 초반까지 10년간 취업 빙하기가 있었다. 그리고 2008년 글로벌 금융위기부터 2013년까지도 짧은 취업빙하기가 있었다. 취업빙하기에 청년 시절을 보낸 사람들은 그 당시에 아르바이트를 하며 살았는데, 경기가 회복된 이후에도 정규직으로 취직을 못 하는 이유는 일본에서는 아르바이트를 경력으로 인정하지 않기 때문이다.

히키코모리가 증가하는 사회적 원인은 ① 핵가족화되면서 아이를 완전히 돌볼 수가 없기 때문에 더 많이 드러나기 시작했고, ② 기업이 직원을 수용하고 키워낼 여유가 부족해지면서 조금이라도 평범하지 않은 사람은 배제하기 때문이며, ③ 단순노동 일자리가 해외로 유출되면서, 부가적 능력이 필요한 일에는 어려움

---

17) "청년복지 사각지대 은둔형 외톨이 실태조사도 안 돼", 매일신문, 2021. 10. 10.
18) 국외청년네트워크 일본연수(2017. 6. 28.~7. 1.) 보고서, 대구시청년센터.

을 느끼는 사람들이 가질 수 있는 직업이 부족해졌기 때문이다.

2017년 6월 도쿄의 소다테아게넷(www.sodateage.net)을 방문했다. 니트 상태의 장기화로 인한 문제를 해결하기 위한 비영리기구(NPO)의 노력을 중심으로 민·관의 협력을 살펴보기 위해 일본출장(6. 28.~7 .1)을 다녀왔다. 소다테아게넷은 청년취업활동을 종합적으로 지원하는 잡 트레이닝 사업과 등교 거부·히키코모리 등 사회부적응 자녀를 가진 어머니를 지원하는 유이(結)사업 등을 실시하는 민간단체이다.

수입 구조는 정부 위탁사업 66%, 기업을 포함한 기부금 16%, 사업 수익금 10%, 조성금 및 보조금 8%, 자원봉사는 기본적으로 없다. 봉사활동을 하더라도 활동비를 지급한다. 직원들은 자격증이 없더라도 채용을 하지만, 커리어 카운슬러, 임상심리사, 사회복지사, 산업 카운슬러 등의 자격증을 가진 직원들이 근무한다.

일본 정부는 히키코모리와 청년실업자의 증가에 따라 청년이 겪는 문제에 위기감을 느끼고, 정책적 대응으로 지역청년 서포트 스테이션(약칭 서포스테)사업을 정부가 민간에 위탁하는 방식으로 운영하고 있었다. 소다테아게넷은 전국에 5개소를 위탁운영 중이다. 2016년에 아베 신조 정부가 1억 총활약 국민 플랜을 세워서 어느 곳에서나 누구나 활약할 수 있는, 전원 참가형 사회를 지향하였으며, 가장 먼저 청년의 고용에 관한 방안을 언급하였다. 일본에서는 다양한 단체에서 개별 청년의 상황에 맞는 단계별 지원을 실시 중이다.

1단계 유이(結) 지원, 2단계 임상심리사를 중심으로 개별적인 카운슬링, 3단계 취업 훈련을 위한 잡 트레 지원, 4단계 구직활동 단계로 서포스테사업을 국가가 지원, 5단계 상담을 받을 수 있고 만남을 이어갈 수 있는 Weak Ties(약한 연대)로 사후 지원된다.

1단계 유이(結)사업은 히키코모리 상태인 본인이 아니라 부모에게 다가가, 부모가 청년자녀를 대하는 태도를 바꾸어 청년자녀를 움직이게 유도하도록 돕는다. 일반적인 패턴은 히키코모리 청년이 발생하면, 아버지는 어머니의 교육이 잘못되어 발생하였다고 비난하고, 어머니는 자녀가 히키코모리라는 것이 외부에 알려지면 부끄러운 일이므로 혼자서 고뇌하다가 가정 붕괴가 시작된다.

히키코모리 자녀가 발생하면 가정에서 고립되는 것은 어머니 또한 마찬가지이므로, 어머니들을 위한 상담 프로그램 등이 필요하며, 어머니의 고립을 해결한 뒤에 자녀를 대하는 태도에 변화를 주는 것으로 히키코모리 청년을 움직이게 한다. 일단 부모와 히키코모리 자녀가 잡담을 할 수 있는 상태가 되는 것이 중요하다. 스카이프Skype를 활용한 온라인 영상통화 상담을 많이 하며, 매달 무료 가족세미나도 개최한다. 부모와의 관계가 어느 정도 정립된 경우에는 전문업체와 연계하여 방문 지원을 한다. 의무교육기간을 활용해서 학교에 방문하여 홍보를 하기도 한다.

3단계 잡 트레는 소다테아게넷의 가장 대표적인 사업으로 일하는 능력을 만들어 주는 것이 목표이며, 나날이 다양한 현장에서 일을 체험함으로써 일한다는 것에 대한 인식을 심어주고, 일에 필요한 체력과 커뮤니케이션 능력을 키운다. 공채를 통해 지원을 했다면 이력서만 보고 배제되었을 청년들이, 인턴 활동을 통해 능력을 증명할 수 있는 기회가 되기도 한다. 이외에도 지역사회의 행사에 참여하거나 봉사활동 실시로 세상에는 나를 필요로 하는 일이 있구나라고 느끼게 하여 자신감을 가지도록 유도한다. 지금까지 잡 트레 이용자의 85%가 취업으로 이어졌다.

2017년 6월 30일 오후에 방문한 가나가와현의 K2 인터내셔널 그룹은 합숙형 프로그램을 제공하는 단체이다. 1988년부터 활동을 시작하였고, 10대 중·후반의 등교 거부자, 히키코모리를 대상으로 사업을 실시하였다. K2의 전신은 요트 기업 테크노랜드의 교육부문 CSR 활동으로 시작하였다. 선발한 청년들을 요트에 태워서 일본 요코하마에서 미크로네시아 연방까지 40일간 세계일주를 시킨 것으로 2005년까지 28회 진행하였다. 버블경제 붕괴 후 요트업체의 경영난으로 활동을 종료하였다. 그러나 학부모들이 없애지 말았으면 해서 당시 직원이었던 현재 K2 대표인 가나모리 씨가 독립해서 K2를 설립하였다.

K2는 모 회사를 중심으로 콜럼버스 아카데미와 휴먼 펠로우십 2개의 NPO법인이 있다. 요코하마, 이시노마키, 뉴질랜드-오클랜드, 호주-시드니, 그리고 2012년부터 한국-서울에서 지금까지 등교 거부, 히키코모리, 니트NEET 등 사는 데 어려움을 겪고 있는 청년들이 공동주거, 음식점과 베이커리 공동운영 등을 통해 자립하여 일하면서 행복하게 살아갈 수 있도록 지원하고 있다.

청년들의 사는 곳, 일하는 곳, 본인 및 가족을 위한 상담소를 운영하는 것이 중심적인 활동이다. 가나가와현은 네기시 역을 중심으로 15분 거리 내에 모든 시설들이 배치되어 있다. K2의 수익구조는 참가비용으로 발생하는 수익 50%, 음식사업 수익, 공적자금 순이다.

K2에는 80~100명의 청년들이 공동생활 중이었다. 청년들은 ① 학교에서 집단 따돌림을 당한 경험이 있거나 ② 회사생활을 하면서 커뮤니케이션을 잘하지 못했거나 ③ 정신적인 면에서 계속 회사생활을 할 수 없었던 청년들이 장기간 히키코모리 상태가 되었다가 부모의 소개 또는 스스로 K2를 알게 되어 찾아온 경우였다. 이들의 또 다른 특징으로는 "사람과 이야기하는 걸 잘 못한다.", "일을 잘 익히지 못한다."라는 말을 2~3번 이상 반복적으로 들은 경험이 있다. K2에서는 6개월을 히키코모리의 기준선으로 판단하여 6개월을 넘어서면 위험하다고 알리고 있다. 히키코모리 안에서도 단계가 너무 다양하다. 전혀 방에서 나오지 않는 사람도 있고, 집에서 부모와는 대화하는 사람도 있고, 친구와는 대화하지만 나머지 사람과는 전혀 대화하지 않는 사람도 있다. K2에서는 1단계 충전기간 단계, 2단계 생활기술 단계, 3단계 직업기술 단계, 4단계 취업·자립 단계, 5단계 사후관리 단계 등 5개의 단계로 나누어서 청년지원을 하고 있다.

공동생활은 K2에서 주장하는 가장 중요한 방법론으로 스태프와 당사자 청년이 지원자와 지원받는 자로 나뉘는 것이 아니라,

함께 공동생활을 하면서 가족처럼 지내는 것이 특징이다. 유급 스태프와 공동생활 청년 비율이 1:1이다.

일본 정부에서는 고용 중심으로 정책을 집중하고 있기 때문에, 일상생활에 어려움을 겪고 있거나 가정문제가 있는 청년들에 대한 해결방법을 제시하지 못하고 있다. 그런 측면에서 K2의 공동생활은 큰 역할을 하고 있다고 본다. 그리고 문제가 있는 청년들 중에서는 단순히 집을 나와 생활하는 것만으로도 문제가 해결되는 경우도 많다고 한다.

고용시장 밖 비구직 니트
구직단념 청년들을 위한
사회적 네트워크를 구축하다

우리나라는 급격한 경제·사회·문화적 환경의 변화로 은둔형 외톨이가 증가 추세를 보인 가운데 이번 코로나19를 기점으로 잠재적 은둔자들이 더욱 확산돼 커다란 사회문제로 대두될 것으로 우려된다. 그동안 국내에서 활동해온 기관과 전문가들이 모인 가칭 사회적 외톨이 지원연대 준비모임이 주최하는 세미나가 지난 2020년 8월 4일 개최되었다. 광역·기초자치단체는 2019년부터 이들에 대한 실태조사와 지원센터 설치 등의 내용을 담은 조례를 제정하고 있다. 2019년 9월 광주시의회는 광주광역시 은둔형 외톨이 지원에 관한 조례안을 통과시키고, 지난 2020년 7월 시행하였다. 서울시 양천구는 지난 2020년 10월 사회적 고립 청년 지원에 관한 조례를 만들었다. 제주도와 부산시도 각각 2021년 5월과 7월부터 관련 지원조례를 시행하고 있다.

대구시는 2019년부터 대구형 청년보장제의 시행을 통해서 청년들의 사회진입조력에 최우선을 두었다. 청년센터에서 청년 상담소를 운영하고 사회진입활동지원금과 진로탐색, 일 경험 등 프로그램을 함께 연계하여 지원하고 있었다. 하지만, 은둔형 외톨이, 사회 밖 청년, 저활력 청년 등으로 표현되는 상황으로 갈 수 있는 비구직 니트에 대한 특화된 지원사업을 별도로 추진하지 못하고 있는 갈급함이 있었다.

고민이 깊어 가던 중에 대구지역의 사회복지관들이 비구직 니트 청년지원사업을 시행하고 있다는 소식을 듣고 한 번도 보지 못한 이들에게서 사회적 연대감을 느꼈다. 안심 제1종합사회복지관, 월성종합사회복지관, 남산종합사회복지관에서 2019년 6월부터 2021년 5월까지 2차 연도로 대구사회복지공동모금회 지회를 통해 6억 원의 예산지원을 받아서 총 100명의 규모로 사업을 시행하고 있었다. 2019년 사회복지공동모금회 전국 기획사업으로 선정된 민간 주도의 지원사업이었다. 이 사업의 주요 프로그램은 청년 자립역량 강화를 위한 심리·정서 지원, 진로 탐색, 직업체험(교육), 자격취득 등을 위한 맞춤형 교육훈련비 지원과 청년이 가족의 지지와 격려로 자립할 수 있도록 가족 지지체계 강화를 위한 가족 상담지원, 가족 자립지원, 가족 활동지원이 있었다.

2020년 10월 비구직 청년 니트 사업 관련 복지관 사업 담당자를 청년정책과로 초대했다. 비구직 청년 니트를 위해 민간 주도로 지원사업을 하고 있음에 먼저 감사를 표현하고 반갑게 맞았다. 지원사업에 대한 현황과 애로사항을 경청하고, 향후 상호협력과 사회적 연대 방안에 관하여 의견을 모았다. 청년센터를 거점기관으로 해서 청년의 자립을 위한 지역사회 네트워크를 구축하고, 니트 청년 맞춤형 지원을 위해 지원사업을 연계하는 것이다.

정부는 2020년 12월 23일 정부는 청년정책의 비전, 목표 등을 담은 제1차 청년정책 기본계획(2021~2025)을 마련하고, 3월 3일 관계부처 합동으로 청년고용 활성화 대책과 3월 30일 2021년 시행계획을 연이어 발표했다. 코로나19로 악화한 청년고용 위기에 대응하기 위해 예산규모를 확대한다는 내용도 있었지만, 기존 고용시장에 접근이 이루어지지 못하고 있는 구직단념자 등 비경제활동인구의 증가에 주목하기 시작했다. 비구직 니트 등 청년 개별 특성에 맞는 차별화된 정책 대응이 필요하다는 것이었다. 청년도전지원사업, 구직단념청년 현황 파악, 한국형 니트NEET 지표 개발 등 정부 대책이 포함되어 있었지만, 아직 초기 단계에 머물러 있었다.

고용노동부에서 2021년부터 시행한 청년도전지원사업은 비구직 니트 지원정책에 대해 어려움을 호소하며, 국가차원의 현황조사부터 필요하다는 여러 지자체와 청년 당사자들의 요구가 반영된 것이다. 이 사업은 구직단념 청년들의 원활한 사회활동 및 노동시장 참여 활성화를 위해 지역 청년센터 등을 중심으로 구직단념 청년을 발굴하고 집단·개별 맞춤형 프로그램을 제공해 구직의욕을 고취하여 취업으로 연계하는 사업이다.

대구의 경우, 달서구의 월성종합사회복지관이 청년도전지원사업의 첫 주관기관으로 선정되어 열린공간인 청년 베이스캠프를 중심으로 구직단념 청년들을 발굴·모집해 상담 및 취업스킬 제공 등 다양한 프로그램을 운영하였다. 2021년 12월 22일, 월성종합사회복지관(관장 하종호)이 주최하여 개최한 대구 비구직 청년 정책 포럼은 비구직 청년들을 발굴하고 자립을 지원하기 위한 사회적 네트워크를 구축하는데 좋은 계기가 되었다. 당일 기조발제와 토론에서는 개인의 역량이 천차만별이기 때문에, 일률적인 지원방안을 고수해서는 안 되며, 위기청년을 조기에 발견하고 집중적으로 지원할 수 있는 체계를 구축하고, 나아가 지역공동체 차원의 사회적 안전망을 갖추어야 한다는 의견이었다. 또한 청년들의 감수성을 고려해서 니트, 구직단념 청년 등 부정적 의미가 큰 용어를 재정립할 필요성도 제기되었다.

니트 청년의 경우 정책 대상 내부의 이질성이 매우 크다는 점에서 맞춤형 정책 접근이 중요하다. 적극적인 구직활동을 하는 구직 니트의 경우에도 청년들의 입직 경로가 다양하지만, 비구직 니트의 경우에는 청년들의 취업의욕 등 활력도가 현저히 다르기 때문이다. 특히 은둔형 외톨이 상황에 놓여 있는 청년들의 경우에는 가족상담 등을 통한 가족지지 체계를 강화하고, 아웃리치 outreach라 표현되는 적극적으로 찾아가는 지원 활동도 필요하다. 2021년 행정안전부와 대구시 예산으로 시행한 청년공동체 활성화 사업에 참여한 10개 팀 중에는 니트 청년의 신체·심리 건강증진 활동을 한 팀도 있었다. 고高활력 청년이 저低활력 청년을 지원하는 방식도 가능할 것이다.

고용노동부는 2022년부터 구직단념 비구직 니트 청년을 지원하는 청년도전지원사업을 2021년 5천 명에서 2022년 7천 명으로 확대하였다. 이번 공모사업에 대구시(500명)는 동구(100명), 수성구(300명), 달서구(250명)와 함께 선정됨에 따라 전국 최대규모(서울시 제외)의 구직단념 청년 지원사업을 진행할 수 있게 됐다.

청년자립, 마음건강부터
청년센터·청년 상담소를 중심으로
커뮤니티 케어를 추구한다

최근 코로나19 장기화로 인한 취업난, 비대면 수업 지속으로 인한 정서적 교류 축소 및 소속감 저하로 사회적 고립감이 지속되면서 20대 대학생의 정신건강에 위험요인이 증가되고 있다.

국민건강보험에 의하면, 지난 2017년~2020년 20대의 우울증 진료인원이 연평균 23.6% 증가하였으며, 2020년 진료인원도 143,069명으로 2019년 대비 24,880명이 증가하여 모든 연령층 중에서 가장 높은 것으로 나타났다. 2020년 사망원인 통계 결과를 보면,[19] 2020년 자살 사망자 수는 1만 3,195명으로 하루 평균 36.1명이 스스로 목숨을 끊은 것으로 집계되어 여전히 경제협력개발기구(OECD) 국가 중 1위인 것으로 드러났다. 특히, 인구 10만 명당 자살 사망자 수도 21.7명으로 모든 연령대 중에서 20대가 가장 높고, 2019년 대비 증가율도 12.8%로 가장 높게 나타나 20대의 정신건강 회복을 위한 실질적인 대책 마련이 절실하다.

대구시와 광역자살예방센터는 2021년 10개 대학교와 협약을 맺고, 청년층 정신건강 고위험군의 조기발견을 위해 대학생 대상 온라인 자가검진 배너를 설치하여 지역 대학생의 정신건강 실태를 진단하고 대학생 맞춤형 심리지원을 추진하고 있다. 대구시 건강증진과는 2022년 하반기에는 청년층 전담 정신건강 서비스를 제공할 청년층 조기중재센터를 설치한다. 고위험군을 조기 발견하여 정신과 진료를 미기록으로 지원하고 맞춤형 회복 촉진 프로그램을 진행한다. 최근 청년정책과와 협업회의를 계속 갖고 대구시 청년센터와 상담공간 공동활용 및 지원 연계방안을 강구하

---

19) "10~30대 자살률 더 높아졌다… OECD 자살률 1위 '불명예' 여전", 한국일보, 2021. 9. 28.

고 있다.

대구청년센터는 2019년 6월 13일 제2센터 공감그래를 개소하고, 청년 상담소를 운영하고 있다. 청년 상담소는 사회진입의 문턱에서 현재 청년들이 직면하고 있는 다양한 고민에 청년의 욕구를 잘 아는 청년 상담사가 청년의 눈높이에 맞는 1 대 1 상담을 진행하고 있다. 상담분야는 심리, 기초, 취업, 진로, 창업, 청년정책, 부채(금융), 노동(근로), 주거, 과의존, 법률 등 11개이며 법률상담은 2020년 추가된 분야다. 청년들은 청년상담사를 통해 1차 상담을 받고, 상담사가 상담이 더 필요하다고 판단하거나, 청년이 요청할 경우 2차 심층 상담을 받을 수 있다. 이때 업무협약을 체결한 전문기관으로부터 도움을 받아 청년들에게 더욱 전문적인 상담을 제공할 수 있다. 2021년 말 기준 대구스마트쉼센터, 대구중구정신건강복지센터, 대구원스톱일자리지원센터, 대구고용복지센터, 대구사회적경제지원센터, 경북대창업보육센터, 대구주거복지센터, 토닥토닥협동조합 등 16개의 2차 상담기관이 참여하고 있다.

2021년 기준, 2,276명의 청년이 청년 상담소를 통해서 상담을 받았으며, 심리상담(24%)의 비중이 진로상담(32%) 다음으로 가장 높았고, 취업상담(10%)보다 두 배 이상 높았다. 2021년 1분기 국민정신건강실태조사에 따르면 청년층 우울 위험군이 20대 30%, 30대 30.5%로 계속 증가하였는데, 이러한 현상과 무관하지 않을 것이다.

보건복지부는 2022년부터 코로나19로 인한 심리적 어려움을 겪는 청년들에게 전문적인 심리상담을 제공하는 청년마음건강 지원사업을 추진하고 있다. 지원대상은 만 19세 이상 34세 이하 청년 1만 5천 명이며, 별도의 소득이나 재산 기준은 없다. 해당 사업 이용자로 선정되면 등록된 제공기관에서 3개월간 주 1회, 총 10회의 전문 심리상담이나 사전·사후 검사를 받을 수 있다. 복지부는 우선 아동양육시설과 위탁가정 등에서 지내다가 만 18세가 돼 시설 보호대상에서 제외된 자립준비청년(보호종료아동)이나 정신건강복지센터에서 연계한 청년을 우선적으로 지원할 방침이다.

한편, 정부는 2021년 7월 13일 김부겸 국무총리 주재로 열린 국무회의에서 보호종료아동 지원강화 방안을 발표했다.[20] 아동복지시설, 위탁가정에서 보호 중인 아동은 만 18세가 되면 보호가 종료되며, 살던 곳을 떠나 자립을 시작하게 되는데, 연 2,500여 명 규모이다. 보호가 종료되는 나이가 현행 만 18세에서 본인 의사에 따라 24세까지 연장되며, 자립 초기 경제적 어려움을 개선하기 위해 자립수당 지급 기간을 기존 보호 종료 3년에서 최대 5년으로 확대한다. 지자체별로 최소 500만 원씩 지급되는 자립지원금도 확대할 계획이다. 또한 보호종료아동이 어디서나 자신에게 맞는 맞춤형 지원을 받을 수 있도록 전국 단위 자립지원서비

---

20) 「보호종료아동 지원강화 방안」, 관계부처합동, 2021. 7. 13.

스 전달체계를 전국 17개 시도로 확대하여 구축한다. 보호종료아동이라는 명칭도 설문조사 등 의견수렴을 통해서 자립준비청년으로 변경할 예정이라고 한다.

대구시 복지정책과에서는 보호종료아동(자립준비청년)이 사회에 적응하지 못하는 것을 방지하고, 안정적으로 자립하도록 돕기 위해 2021년 10월부터 보건복지부 한국자활복지개발원 시범사업으로 추진하는 청년자립도전사업단을 지역자활센터 참여를 통해 운영하고 있다.

지역자활센터는 수급자 및 차상위자에 대한 자활지원을 위해서 국민기초생활보장법에 근거하여 1996년 5개소로 출범하였으며, 현재 지역자활센터는 전국에 250개가 있고, 대구는 10개의 지역자활센터(광역 1개 포함)가 운영 중이다. 대구시는 자활사업에 참여하는 청년의 맞춤형 취·창업을 위해 KT와 협력하고 있다. 청년 취·창업 지원을 위해 ICT(정보통신기술) 청년기획 스튜디오를 북구에 마련하고, 2021년 11월 4일 개소하였다.[21]

다음 사회는 모든 청년들이 공평한 삶의 출발 기회를 가지고 실질적 자립을 통해서 우리 사회의 건강하고 당당한 구성원이 될 수 있도록 지원해야 한다. 지원 방향은 청년 스스로 문제를 해결하고 기회를 만들어 나갈 수 있도록 환경을 조성하는 한편, 은둔형 외톨이, 저활력 비구직 니트, 보호종료아동, 심리적·신체적

---

21) "KT 대경본부-대구시, 자립도전사업단 참여 청년 취·창업 지원", 경북일보, 2021. 11. 4.

고위험군 청년 등을 위해서는 국가와 지역사회가 촘촘한 사회적 안전망을 짜는 등 든든한 울타리가 되어야 한다. 이를 위해서는 지역별(광역·기초) 청년센터를 중심으로 전문기관과 전문서비스를 연계하여 운영하는 방식으로 지역사회통합돌봄이라 일컫는 커뮤니티 케어Community Care 방식을 추구해야 한다. 지역사회의 힘으로 돌봄이 필요한 사람이 자신이 살던 곳에서 어울려 살아갈 수 있도록 하는 돌봄 시스템이다. 우리나라는 2018년 6월 커뮤니티 케어 추진방향을 보건복지부가 밝혔는데, 당사자의 인권과 삶의 질 향상, 지역사회 네트워크 복원 등을 지향하고 있다.

아르바이트청년 돌봄 연대

청년일자리정책 사각지대를 채우는
알바 돌봄을 위한 사회적 연대

2017년 5월 청년정책과에 들어와서 청년일자리정책을 청년의 관점에서 다시 살펴보았다. 과거와 달리 청년의 입직 과정은 길고 복잡하고 다양했다. 청년들의 취·창업 경로는 다양했고, 입직 과정은 진로탐색 단계부터 정착까지 다양한 일 경험과 근로형태, 이직을 반복하는 복잡하고 긴 과정을 거쳤다. 2018년 대구형 청년 보장제를 구상하면서 기존의 청년일자리정책의 사각지대가 많이 보였다. 특히, 아르바이트로 대표되는 비정규직 단기 일자리는 계속 증가하고 있었지만, 이에 대한 정부의 정책적 접근은 거의 전무하다시피 하였다.

2017년 8월 아르바이트 취업포털회사인 알바몬의 조사 결과에 의하면, 자신을 프리터족으로 규정한 응답자(590명) 가운데 비자발적이라고 밝힌 비율이 55.8%(329명)에 달해 절반을 넘었으며, 지난 2016년 6월에 실시한 같은 조사에서 집계된 응답 비율(31.8%)의 거의 2배에 달하는 수준이었다. 프리터족은 Free(프리)+Arbeit(아르바이트)를 줄인 말로 특정한 직업 없이 갖가지 아르바이트로 생활하는 젊은층을 일컫는 말이다.

1990년대 초반 일본에서 경제불황으로 인해 직장 없이 갖가지 아르바이트로 생활하는 청년층에게 붙여진 신조어이다. 프리터족이 증가하는 이유에 대해서는 전체의 59.8%가 너무 어려운 정규직 취업이라고 밝혔으며, 2018년 최저임금이 큰 폭으로 상승했기 때문이라는 응답도 47.0%에 달해 눈길을 끌었다. 프리터족은 평균 1.5개의 아르바이트를 하면서 월평균 100만 원 정도를 버는 것으로 조사됐다.[22] 2018년 상반기 알바몬 조사 결과에서는 올 상반기 아르바이트 지원자 중 61.9%가 학교를 졸업한 졸업생이었던 것으로 드러났다. 아직 학교를 졸업하지 않은 재학생들의 입사지원 비중은 38.1%로 졸업생보다 24% 포인트 낮았다.[23]

---

22) "프리터족 증가, 대체 뭐길래? '비자발적 프리터족 55.8%'", 서울신문, 2017. 8. 23.
23) "상반기 알바 지원자 5명 중 3명은 '졸업생'", 파이낸셜뉴스, 2018. 8. 30.

정규직 취업이 어려운 현실, 최저임금 상승세, 조직에 구속되지 않는 자유로운 생활을 추구하는 청년들의 라이프스타일 선호로 프리터족이라는 직업으로서 아르바이트 청년은 급증하고 있었다. 하지만, 청년들이 사회 첫발 경험으로 겪는 근로실태는 심각하였다. 아르바이트 포털 알바몬이 2018년 2월 아르바이트생 3,198명을 대상으로 아르바이트 중 부당대우 경험을 설문 조사한 결과에 따르면 응답자 중 38.6%가 부당대우를 겪었다. 내용은 임금체불(28.3%)이 가장 많았으며, 다음으로 최저임금보다 낮은 급여(24.5%), 수당 없는 연장근무 등 과잉 근무(15.2%), 휴게시간 및 출퇴근 시간 무시(13.5%), 반말 등의 인격모독(5.3%), 부당해고(5.1%) 등의 순이었다.[24] 대구시도 이러한 현실에 주목했고, 대구청년정책 플랫폼 청년ON에서도 청년들이 아르바이트 청년들의 감정노동 실태가 심각하며, 이를 해소하기 위한 정책적 접근이 필요함을 제안하였다.

대구시는 아르바이트 청년에 대한 정책적 접근을 위해 먼저 이 분야에 오랫동안 관심을 가지고 활동을 해온 관련 민간단체와 소통·협업체계를 구축하기로 하였다. 대구시는 2018년 8월 20일 대구청년알바돌봄사업 업무 협약을 체결하고, 사회 초년생인 아르바이트 청년들의 노동권익 보호와 아르바이트생에 대한 사회 인식 개선과 고용주와의 상생을 도모하기 위해 대구청년알바돌

---

24) "알바몬, 아르바이트생 38.6%가 부당대우 경험", 브릿지경제, 2018. 2. 6.

봄사업을 전국 최초로 추진하기로 하였다. 한국 공인 노무사회 대구·경북지회(지회장 이영배), 잡코리아X알바몬 대구지사(지사장 임성우), 대구 청년유니온(위원장 이건희)이 함께 하기로 하였다.

청년유니온은 청년들의 노동권 향상을 위해 청년들이 자발적으로 만든 세대별 노동조합으로 2010년 3월에 창립하였다. 한국에서 세대별 노동조합은 청년유니온이 최초이며, 대구에서는 2013년 1월에 창립하였다. 일자리 문제, 아르바이트·구직자·신입사원 등 청년이 겪는 수많은 노동문제, 청년이 일하는 일터에서의 문제를 드러내고 이를 해결하고 개선하기 위한 다양한 활동을 해나가고 있다. '일하고, 꿈꾸고, 저항하다' 라는 슬로건처럼, 대구시와는 건강한 긴장관계를 가지고 소통하고, 협업하고 있다.

대구 청년 알바 돌봄 사업은 2019년부터는 별도의 사업으로 진행을 하였으며, 2022년부터는 대구 단기근로청년 돌봄 사업으로 아르바이트 청년뿐만 아니라 프리랜서, 플랫폼 노동자 등 불안정 단기근로청년으로 대상을 확대하고 지원 프로그램도 강화하기로 하였다.

산업구조의 급격한 변화와 코로나19 팬데믹 이후, 일주일에 40시간 풀타임 전일제 일자리가 급격히 줄었다. 2022년 한국노동연구원의 「2021 청년층 고용노동통계」[25]에 따르면 파트타임으로 일하는 청년층(15~29세) 노동자 가운데 전일제 일자리가 없어서 비

---

25) 「2021 청년층 고용노동통계」, 한국노동연구원, 2022. 2. 10.

자발적으로 시간제를 선택한 비중은 2013년 11.8%에서 2020년 17%로 1.5배 증가했다. 특히, 2000년 5.7%였던 20대 단시간 청년 노동자는 2010년 12.3%로 상승했고, 2020년에는 22.3%로 두 배 가까이 증가했다. 30대 단시간 청년노동자도 2000년 7.1%에서 2020년 13.5%로 두 배 늘었다.

청년일자리와 종사자 지위도 양극화되는 추세에서 비정규직 단기근로청년에 대한 다양한 고용정책이 강구되어야 한다. 청년 고용정책의 전초기지인 지자체와 중앙부처 간의 협업이 더욱 필요한 시점이다. 나아가 청년의 일에 대한 태도변화에 따른 새로운 정책적 접근과 함께 고용보험체계에 대한 제도적 개선도 고민이 필요하다.

청년일자리, 관점을 혁신하다

청년일자리, 모두가 유감이다
청년이 원하는 일자리는 청년이 가장 잘 안다

해법은 관점의 변화다

        청년일자리에 관해서는 청년도, 기업도, 정부도 모두 유감遺憾스럽다. 지원서를 넣는 곳마다 빛〔光〕의 속도로 탈락한다는 광탈이 2017년 '올해의 말말말' 가운데 1위로 선정됐다는 한 취업포털의 조사 결과는 청년들의 허탈감을 생생하게 전해준다. 반면 "요즘 젊은 것들은 힘든 일을 안하려고 해."라고 하는 중소기업 고용주의 한숨 섞인 목소리도 들려온다. 중소기업은 만성적인 구인난을 겪고 있는데, 정작 청년들은 일자리가 없다고 아우성이니 하는 말이다. 정부 역시 고개를 떨군다. 청년일자리 창출을 위해 정부 예산을 매년 투입하고 증가시켰음에도 청년실업률은 사상 최고치라는 언론보도는 더 이상 놀랍지도 않다.

2017년 11월 2일, 시청 대회의실에서 청년의 삶과 청년정책에 관해 주제발표를 하였다. 대구시의 과장급 이상 간부, 구·군 부단체장, 유관기관 단체장들이 참석하는 시장주재 확대간부회의였다. 기존의 청년일자리정책에 대한 한계를 진단하고, 향후 청년의 삶 관점에서 정책의 전환이 필요함을 강조하였다. 먼저 청년의 사회진입 이행기간이 장기화되고, 졸업 이후 구직과 실직이 반복되는 입직이행경로가 복잡해지는 현상을 적시하였다. 따라서 일 경험부터 일거리까지 제공하는 청년일자리정책의 다양한 모색과 시도가 필요하며, 청년이 스스로 성장할 수 있도록 다양한 실험과 도전을 할 수 있도록 시간, 공간, 활동력을 제공하는 포괄적 지원이 필요하다는 점을 강조하였다.

왜 청년실업문제가 안과 밖이 구분 안 되는 뫼비우스의 띠처럼 원인과 결과가 구분이 안 돼 해법을 찾지 못할까? 작금의 청년실업문제는 세 가지 측면에서 이전의 경기 위축에 따른 실업과 성격이 다르다.[26]

첫째는 노동시장의 변화다. 좋은 일자리는 감소하고 새로운 직업의 등장은 멀다. 청년 첫 일자리 중 1년 이하 계약직 비중은 2016년 22.2%, 이후 2021년에는 47.1%로 계속 증가하고 있고, 정규직·비정규직 임금격차는 200만 원, 대기업·중소기업 임금격

---

26) 김요한, "[기고] 청년일자리 유감", 영남일보, 2018. 1. 29.

차는 150만 원, 20대 창업기업의 3년 이상 평균 생존율(2015년)은 26.6%로 전체 창업기업 38.8%에 비하면 현저하게 낮다. 직업의 수도 일본 1만 6천 개, 미국 3만 개 규모에 비하면 한국은 1만 1천 개 규모로 신직업 창출이 낮다.

둘째는 노동공급의 변화다. 대학은 이른바 공부밖에 모르는 고학력 졸업생만 양산하고 있다. OECD 자료(2015년)에 의하면 한국의 고등교육이수자 비율(45%)과 관리·전문·기술직 근로자 비율(21.6%)의 격차는 회원국 중 가장 크다. 산학협력과 직업훈련제도를 통해서 실무에 강한 졸업생을 배출하는 독일, 오스트리아, 스위스의 청년실업률은 5% 내외이다. 또한 노동시장에 고학력자 공급이 급증함에 따라 학력의 노동시장 차별성이 상실돼 청년들은 스펙 쌓기→스펙의 상향 평준화→추가적 취업준비 활동으로 첫 취업 소요 기간은 평균 11개월을 넘어서고 있다.

셋째는 노동시장을 바라보는 청년들의 태도변화다. 한국경영자총협회 조사(2017년) 결과, 대기업 신입사원의 1년 이내 퇴사자 비율은 27.1%로, 대기업 신입사원 4명 중 1명 이상이 근로여건 불만족과 미래에 대한 불확실성으로 자발적 실업이 증가하고 있다. 취준생뿐만 아니라 퇴준생이 늘고 있다는 것이다. 청년들의 일과 직장에 대한 태도변화에 많은 분들이 다소 놀라워했다. 2018년 11월 임홍택 저자의 『90년생이 온다』라는 책이 세간에 회자되면서 새로운 세대의 출현에 기성세대가 주목하기 시작한 것 같다. 확대간부회의에서 청년의 삶과 청년정책에 대한 주제발표와 토론은 이후 청년정책을 추진할 때 관계 부서장들과 공감대를 형성하는 좋은 기회가 되었다.

4차 산업혁명으로 일자리 증가는 더욱 불확실하고, 노동공급의 변화는 교육제도의 급진적인 전환이 실현될 때 비로소 가능하다. 인구감소시대에도 지금 코로나19 직격탄으로 신음하는 코로나세대의 일자리는 낙관할 수 없다. 코로나세대는 소위 에코붐 세대로 1991~1996년생이다. 2021년 기준 25~30세로 핵심취업계층이다. 1950년대 중반~1960년대 초반 출생에 해당하는 베이비붐 세대가 메아리(Echo)처럼 돌아온 것 같다는 의미에서 붙은 세대 명칭이다. 1981년 86만 7409명이던 출생아 수는 이후 내리 감소해 60만 명대로 떨어졌다가, 이들이 등장한 1991~1995년 5년 연속 70만 명대를 기록했다. 전반적으로 저출산 추세가 계속됐지만 일시적으로 인구가 증가한 세대이다. 2014년 이후 청년실업률이 치솟은 이유는 이 같은 인구 구조의 영향도 일부 있는 것으로 분석된다. 이 때문에 2026년쯤에는 극심한 취업난에 숨통이 트일 것이라는 전망도 있다. 2002년 이후 출생아 수가 50만 명 아래로 급감한 데다, 2차 베이비붐 세대(1968~1974년생)가 은퇴할 시기이기 때문이다. 일본에서도 생산가능 인구가 급감하고 단카이(團塊·덩어리)세대(1947~1949년생)가 2010년부터 은퇴에 들어가면서, 2003년 9%에 달하던 청년실업률이 2018년 4.6%까지 떨어졌다.[27]

---

27) "태어나니 '긴 세대' 1992년생을 구하라", 경향신문, 2020. 1. 9.

한국은행의 2019년 「한국과 일본의 청년실업 비교분석 및 시사점」 분석결과를 보면, 일본처럼 인구구조의 변화로 청년일자리 상황이 마냥 좋아질 것이라고 낙관할 수 없다. 한국은 일본에 비해 대기업과 중소기업 간 임금격차가 큰 반면, 대기업 일자리 비중과 임금 근로자의 비중이 낮기 때문이다.[28] 낙관적으로 전망하더라도 향후 최소 5년간은 청년고용여건은 더욱 어려울 것으로 전망된다. 이것이 청년 일자리에 관한 불편한 진실이다.

청년은 미래를 말하고 노년은 왕년을 말한다. 고용주와 신입직원은 서로에 대한 기대만큼 괴리도 크다. 청년들의 중소기업 기피와 회사를 위한 낮은 충성도를 탓하기 전에 임금·근로시간·환경 등 근무여건, 조직문화, 채용방식 등에서 청년들의 태도변화를 이해하고 청년들의 미래를 응원하는 기업과 사회가 돼야 한다. 물론 대·중소기업, 정규직·비정규직 간 임금격차를 해소하고, 직업에 대한 주위의 시선이나 체면의식에서 벗어나는 사회변화가 뒷받침돼야 할 것이다. 이와 함께 정부는 일자리 창출 정책을 제조업뿐만 아니라 서비스업도 함께 추진해야 한다.

청년들에게 일 경험과 일거리의 기회를 충분히 제공하여 청년들이 사회적 관계 속에서 일의 재미를 발견하고 스스로 취·창업, 창직을 통해 사회로 진입할 수 있는 삶의 힘을 키워줘야 한다. 청년들은 실무경험을 쌓을 수 있고, 역량을 키우기 위한 기회제공

---

28) 「한국과 일본의 청년실업 비교분석 및 시사점」, 한국은행, 2019년 11월.

을 취업성공의 가장 중요한 지원 요소로 기대하고 있었다. 2017년 말부터 대구시에서는 청년들의 일 경험 축적을 지원하기 위한 부서 간 협업회의를 개최했다. 이와 관련, 청년이 바라보는 고용친화기업이라는 주제로 청년들이 직접 조사·분석을 하고 토론의 장도 마련했다. 결국 청년일자리정책은 청년 인지적認知的 관점에서 그 해법을 찾아야 우리 모두의 미래를 위협하는 실업세대의 탄생을 막을 수 있다. 청년이 원하는 일자리는 청년이 가장 잘 알기 때문이다.

무엇을 하며 살아야 하죠?
자신의 길을 찾고 인생을 설계할 수 있도록
갭이어 활동을 지원하다

갭이어Gap year는 자아탐색, 진로탐색을 할 수 있는 틈(Gap), 여유를 가지는 시간을 의미한다. 영국을 비롯한 주요 선진국에서는 대학교에 입학하기 이전에 갭이어 활동을 통해서 자신의 인생을 설계하는 시간을 갖도록 제도적인 시스템이 많이 갖추어져 있다. 하지만 우리나라는 대부분의 학생들이 쫓기듯이 스펙 쌓기로 학교생활을 보내고 자신이 무엇을 원하는지, 무엇을 잘할 수 있는지, 사회가 무엇을 요구하는지 충분히 생각해 볼 기회도 갖지 못한 채 사회로 떠밀려 나오고 있다.

그렇다 보니 맹목적인 구직활동에 지치고, 자신도 확신이 없는 면접장에 초조하게 서게 된다. 겨우 취업을 해도 자신의 길이라고 느끼지 못하기에 이직률이 더욱 높아진다. 한국청소년정책연구원의 2020년 「청년 이직자 총괄 보고서」에 따르면, 만 19세에서 34세 이하 3,224명 대상 설문조사에서 두 번 이상 이직을 경험한 비율이 55.5%였고, 이직 사유로는 임금과 사내 복리후생(23.9%), 직장 상사 등 근무 환경(20.4%)뿐만 아니라 적성과 기술 불일치도 14.0%로 높았다.[29]

"무엇을 하며 살아야 할지 모르겠어요." 많은 청년들의 고백이고 독백이다. 단순히 일자리가 없다는 의미가 아니라, 내가 어떤 사람인지 모르겠다는 정체성의 혼란이고, 어떻게 살아야 할지 모르겠다는 방향성의 부재이다. 그래서 최근 MZ세대들은 성격유형검사인 MBTI로 자아탐구에 흠뻑 빠지고, 타로카드로 미래의 불확실성으로 인한 불안을 위로받고 있는 것 같다. 청년들에게 놓쳐버린 시간, 과잉경쟁의 교육시스템 속에서 빼앗긴 시간을 돌려주어야 한다. 자아탐구와 진로탐색을 위한 시간과 공간, 기회를 제공해야 한다. 자신의 정체성과 소속감에 대한 탐구이며, 동시에 일과 삶, 사회와 세계에 대한 탐색이다.

2017년 5월 청년정책과로 출근한 이후, 가장 먼저 청년일자리 정책을 살펴보았다. 중소기업 지원을 통해 청년고용을 증대하는

---

29 김기헌 외, 「청년 핵심정책 대상별 실태 및 지원방안 연구 Ⅲ: 청년 이직자 총괄보고서」, 한국청소년정책연구원, 2020. 12. 31.

정책은 이미 많은 양적인 투입이 이루어지고 있었다. 대부분 중소기업의 인건비 부담을 정부에서 보조하여 중소기업의 청년고용을 촉진하는 접근이었다. 하지만 청년의 관점에서 청년의 입직을 지원하는 정책은 거의 찾아보기 힘들었다. 면접용 정장을 무료로 대여해 주는 희망옷장 사업이 막 시작되고 있었다.

기회가 있을 때마다 현장에서 청년들과 일자리에 관해서 대화를 나누었다. 자신의 진로를 찾지 못해서 구인공고를 보고 무작정 원서를 쓰게 된다는 청년, 남들이 부러워하는 글로벌 기업에 입사한 지 1년도 채 안 돼 퇴사하고 다시 도서관에서 인생과 직업에 관한 책을 본다는 청년, 면접만 보면 자신 있게 이야기할 수 있는 경험이 없어서 매번 탈락한다는 청년 등 현장에서 만난 다양한 청년들의 목소리에서 각종 설문조사결과에서 보는 요구(demand) 이면의 필요(need)와 욕구(desire)를 보게 되었다. 청년이 스스로 자신이 원하는 길을 찾을 수 있고, 자신만의 길을 만들 수 있는 역량을 키워주는 새로운 접근이 절실했다.

대구시의 청년 진로탐색 지원사업은 개인별 직업탐색에 초점을 맞춘 청년 내일(my job & tomorrow) 학교와 팀별 재능탐색에 초점을 맞춘 대구청년학교 딴길이 대표적이다. 2019년부터는 2개월 내외의 교육과정을 수료하면, 갭이어 활동 계획을 작성하고, 150만 원의 사회진입활동지원금을 함께 지원하였다. 현재 두 지원사업은 대구형 갭이어Gap year정책으로 많은 청년들이 선호하는 브랜드 사업으로 정착했다. 2021년 기준 각각 200명 내외 규모로 진행하고 있다.

대구청년학교 딴길은 2016년 대구청년센터에서 시작하였다. 청년들이 쉽게 접하지 못했던 새로운 분야의 체험을 통해 본인의 진로를 보다 적극적으로 탐색할 수 있도록 다양한 학과를 개설·운영하였다. 2021년에 개설된 8개 학과는 •3D 프린터로 모형을 제작해 보는 3D 프린터 학과 •지역 특색을 반영한 기념품을 만들어보는 굿즈 디자인 학과 •가죽공예의 매력을 알아보는 가죽공예 학과 •반려 식물과 함께하는 원예치유 학과 •코로나19로 커진 불안 등을 이겨내기 위한 왜 불안 학과 •광고에 대해 배워보는 광고 아이디어 발상 학과 •친환경 생활 습관을 위한 비건 라이프 학과 •대화를 통해 나를 알아보는 나를 알아볼과 등이다. "딴 길을 걷다가 내 길을 찾았어요!" 사례발표회에서 청년의 고백은 너무 인상이 깊었고, 이제는 지원 프로그램의 슬로건처럼 널리 회자되고 있다.

대구시는 2017년 하반기에 청년 내일(my job & tomorrow) 학교를 시범사업으로 운영하였다. 청년들이 자신에 대해서 탐색할 수 있는 강연, 다양한 직업생활을 하고 있는 선배들과의 만남, 그리고 본인의 적성과 진로를 찾아가는 교육으로 2개월가량의 프로그램을 이수하면, 역량 계발비 20만 원을 지급하였다. 교육과정 중에 갭이어에 대한 이해를 도왔고, 역량 계발비 지급 이전에 청년들은 스스로 갭이어 활동 계획을 작성하고 조언도 받을 수 있었다. 본인의 용돈까지 보태어 일본의 현지 화장품 시장을 조사하고 다

녀와서 창업을 준비하고 있는 청년, 색다른 주제로 여행을 하면
서 앨범을 만드는 과정에서 자신의 정체성과 꿈을 찾아가는 청년
의 사례발표를 들으면서 갭이어 활동을 지원하는 진로탐색 지원
모델의 유효성을 확인하였다.

"코로나19로 무기력한 상태였는데, 청년내일학교가 기회가 되
었습니다.

나의 성격을 진단해 보고, 이미지 메이킹 수업 등을 통해서 단점
도 보완하게 되었습니다.

여행을 통해서 활기를 되찾고, 책 읽기, 봉사활동 등 새로운 것
을 시도하던 중에 취업기회로 이어져서 지금은 제가 가고 싶은 길
을 가게 되었습니다."

2021년 청년내일학교 수료식에서 청년들의 사례발표를 들으
면서, 청년들을 무턱대고 고용시장으로 밀어 넣어서는 안 되며,
본격적인 구직활동 이전에 본인의 꿈, 자신만의 길을 찾을 수 있
도록 사회진입을 위한 다양하고 능동적이고 자유로운 활동 지원
이 우선되어야 함을 현장에서 다시 확인하였다. 향후 졸업식을
앞둔 고등학교 예비졸업생, 휴학기간을 활용한 대학 재학생들을
대상으로 한 갭이어 활동 등 갭이어 지원제도를 확대하여 발전시
켜 나가야 한다.

MZ세대, 언제까지 공무원을 원할까?

90년생 공무원,
밀레니얼세대와 Z세대는 다르다

　　　　　　　　　　최근 다양한 분야에서 MZ세대
가 주목받고 있다. "MZ세대를 잡아라.", "MZ세대에 통했다." 등
마케팅 대상으로 MZ세대를 겨냥한 이후 MZ 직장인, MZ노조,
MZ 사용설명서, 기업에서는 직원으로서의 MZ세대, 정치권에서
는 유권자로서의 MZ세대 등 MZ세대에 대해 궁금증을 풀고 대응
해야 할 숙제가 많아져 보인다.

　일반적으로 세대(世代, Generation)는 공통의 체험을 기반으로 하
여 공통의 의식이나 풍속을 전개하는 일정 폭의 연령층을 의미한
다. 우리나라에서 가장 중요하게 다뤄지는 세대는 베이비붐세대
(1950~1964년), X세대(1965~1979년), MZ세대(1980~2012년)이다. MZ세대
는 밀레니얼세대(1980~1994년)와 Z세대(1995~2012년)를 합쳐서 통칭한
것이다. 각 세대를 바라보는 미디어와 학계의 시각은 그 세대가
처해있는 사회적 위치와 시기별로 달라지는 경향이 있고, 이러한
시각의 변화가 세대 명칭에 그대로 반영된다.[30)]

　베이비붐세대는 6·25 전쟁 이후 출산율 급증으로 인구가 폭발
적으로 증가하던 시기에 태어나 급속한 경제발전을 겪은 산업화

---

30) 최샛별, 「한국 사회의 세대와 각 세대의 특성, 세대 간 이해와 연대 필요
　　성」, 제2차 연령통합세대연대정책포럼, 2021. 3. 4.

세대이다. X세대는 글로벌 외환위기로 취업 위기를 겪은 IMF세대로 부르기도 한다. X세대를 대표하는 상품으로 삐삐, 워크맨이 있고, X세대를 대표하는 가수로는 한국 대중음악의 역사를 가르는 전설적인 아이콘인 서태지와 아이들이 있다. 1991년 9월에 결성된 3인조 음악 그룹으로 1992년에 1집 〈난 알아요〉로 데뷔했다. X라는 글자는 기성세대와는 상당히 이질적이지만 마땅히 정의할 용어가 없어서 붙여진 셈이다. X세대는 90년대를 풍미했던 신세대로서 1960년대 출생 세대를 대표하는 386세대의 이후에 등장했다는 점에서 그 범위를 1970년대생으로 국한해서 보기도 한다. 실제 학계에서는 80년대 학번으로 대학 캠퍼스에서 거리로 뛰쳐나왔던 민주화세대는 기성세대로 구분하고 있다.

한국리서치의 2022년 2월 한국 사회의 세대 구분 방식에 대한 인식조사결과에 의하면, 사람들은 디지털 환경에 익숙하고 최신 트렌드와 이색적인 경험을 추구하는 특징을 보이는 사실상 Z세대(2022년 기준 만 18~27세)만을 MZ세대로 인식하고 있었다. 또한 MZ세대의 당사자 중 하나인 Z세대는 M세대와 하나로 묶이는 것에 대해 큰 거부감을 가지고 있었다.[31]

취준생 10명 중 4명이 공시족인 나라, 우리나라 청년들이 직업 선택의 기준으로 안정성을 꼽게 된 것은 IMF 직격탄을 맞은 부모 세대, 2008년 글로벌 금융위기 당시에 수시로 구조조정의 불안과

---

31) Z세대 61% "M · Z세대 묶는 것 부적절"… MZ세대 구분, 출생연도보다 특성으로, 한국일보, 2022. 3. 26.

고통을 겪었던 삼촌세대를 보고 자란 90년대생의 슬기로운(?) 적응이다. 9급 공무원을 원하는 세대가 된 90년대생, 그들은 시험 치는 것이 가장 익숙하고 잘하는 것이라고 생각하고, 공무원 시험이 가장 공정하다고 믿는다.[32] 1990년대생들은 선배세대의 모습을 목도하면서 합리적인 선택으로 정년이 보장되는 공무원과 공기업에 올인하고 노량진 학원가에 길게 줄을 섰다. 그런데 코로나19 이전에 유명강사가 문제 풀이 특강을 할 때면 새벽부터 좋은 자리를 맡기 위해 강의실 앞에 긴 줄을 서던 풍경은 사라진 지 오래다.

2022년 6월 11일 관계부처에 따르면 올해 9급 공무원 시험 경쟁률은 29.1대 1이다. 1992년 19.3대 1 이후 처음 30대 1 이하로 내려갔다. 필기시험을 본 실제 응시자 기준으로는 올해 22.5대 1의 경쟁률로 2001년 19.7대 1 이후 최저 수준이다. 어떤 변화가 일어나고 있는 것일까? 청년인구가 줄어서일까? 22년 7·9급 공무원 시험 지원자의 평균 연령은 각각 29.7세와 29.4세다. 2010년 말 168만 4,465명이던 29~30세 인구는 2017년 말 124만 4,386명까지 감소했다. 하지만 해당 연령대의 인구는 2018년부터 늘어나기 시작해 2021년 말 142만 5,548명을 기록했다. 지금까지 허수가 있었다는 주장도 있다. 최근 1~2년 사이에 시험 과목이 개편되면서 경쟁률에 영향을 줬다는 것이다. 9급 공무원 시험은 올해

---

32) 임홍택, 『90년생이 온다』, 웨일북, 2018년 11월.

부터 사회, 과학, 수학과 같은 고등학교 선택과목이 빠졌고 그만큼 벽이 높아졌다는 것이다. 마지막으로 공무원 인기도 떨어졌다는 것이다. 통계청의 사회조사결과를 보면 지난해 13~34세가 가장 근무하고 싶은 직장으로 대기업(21.6%)이 꼽혔다. 국가기관(21.0%)은 공기업(21.5%)에 이어 3위였다. 2009년에는 국가기관(28.6%)이 공기업(17.6%)과 대기업(17.1%)을 제치고 1위였다. 공무원시험의 경쟁률이 본격적으로 하락한 것이 공무원연금 개편 시기와 맞물리기 때문에 여기에서 해답을 찾는 이들도 있다.[33]

2016년 시행된 공무원연금개혁으로 공무원 보험료율은 14%(본인부담 7%)에서 18%(본인부담 9%)로 인상되었고 지급률은 1.9%에서 1.7%로 인하되었다. 이는 국민연금의 보험료율 9%(본인부담 4.5%), 지급률 1.0%와 비교해 볼 때 수익률에서는 국민연금보다도 낮아졌다. 2022년 신규임용 후 30년 납부 기준으로 2022년 현재가치 환산 기준 연금 수령 예상액은 9급 임용자 기준으로 월 140만 원 수준이다.[34] 향후 추가 개혁이 없을 가능성은 거의 없을 것이다.

최근 사표 쓰는 MZ세대 공무원이 늘어나고 있다. 트렌드 분석가인 김용섭 소장의 『결국 Z세대가 세상을 지배한다』를 살펴보자. 2019년 기준으로 재직 1년 미만 퇴사자가 1,769명(27%)이었다. 재직 1~2년 미만 퇴직자도 1,524명(23%)이나 된다. 재직기간 5

---

33) "식어버린 공시열풍에 정부는 '비상', 경쟁률 하락한 진짜 이유", 머니투데이, 2022. 6. 11.
34) "납부한 보험료 대비 수익률 국민연금이 공무원연금보다 높다", 서울PN, 2021. 10. 13.

년 미만 퇴직자가 2019년에 6,664명이었는데, 이 중 절반 정도가 2년 미만인 셈이다. 공무원 퇴직연금의 개혁으로 고연차 공무원에 비해 저연차 공무원들이 느끼는 상대적 박탈감도 이유가 될 것이고, 공무원 조직의 경직성, 과도한 의전과 위계구조, 불합리와 비효율적인 업무 환경을 못 참아서 나가는 경우도 많다. 밀레니얼 후기 90년대생들이 이런 흐름을 본격적으로 시작했는데 앞으로 수년 후엔 2000년대생들이 본격 조기퇴직 행렬에 나설 것이다.[35]

Z세대들의 직업관은 어떻게 바뀌고 있을까? 최근에는 MZ세대를 중심으로 소득과 수입을 다변화·극대화하고자 하는 현상인 머니 러시Money Rush가 확산되고 있다. 여러 개의 직업, 즉 N잡과 투자를 통해 추가 소득과 부수입의 다양한 포트폴리오를 갖추는 파이프라인PipeLine을 만들어나가는 것이다. 근로소득을 늘리기 위해 본업 외에 아르바이트와 소규모, 비공식, 개인적인 성격을 가지는 사이드 프로젝트Side Project를 통해서 N잡러가 되기도 한다. 직업란에 여러 개의 직업을 두 가지 개념을 동시에 표기할 때 사용하는 슬래시(/) 기호로 이어 쓰면서 슬래시 제너레이션Slash Generation이라고도 한다. 예를 들면, 직업란에 유투버/작가/강연자/컨설턴트로 작성하는 것이다. 사회문화적인 개념으로는 부캐라고 할 수 있다. 원래 캐릭터가 아닌 또 다른 캐릭터라는 의미이

---

35) 김용섭, 『결국 Z세대가 세상을 지배한다』, 퍼블리온, 2021년 8월.

다.[36] 이는 세대적 특성이기도 하지만, 시대적 특성이기도 하다. 따라서 다음 세대가 추구하는 자아실현의 가치, 선호하는 라이프 스타일, 그리고 일과 삶에 관한 관점의 변화를 이해할 때 미래사회를 함께 만들어나갈 수 있다.

윤석열 대통령이 지난 5월 26일 정부 세종청사 컨벤션센터에서 열린 MZ세대 청년 공무원들과의 간담회에서 참석자들로부터 『90년생 공무원이 왔다』라는 책을 선물 받았다. 이 책은 2020년 11월 행정안전부에서 새천년 세대 공무원이 바라본 공직사회의 일하는 방식, 조직문화에 대한 솔직한 생각과 개선방안을 담은 책자이다. 문재인 대통령은 2021년 청와대 직원들에게 『90년생 공무원이 왔다』라는 책을 선물했고, 2019년에는 『90년생이 온다』를 돌린 바 있다. 그만큼 세대공감 감수성感受性이 중요해진 것이다. 최근 지자체에서도 인적 구성 변화와 공무원 간 인식 차이에 맞춰 인사와 업무, 복무, 복리후생, 의사소통 등 전 분야에서 불필요한 관행은 없애는 등 다양한 조직문화 개선 활동을 추진하고 있다.

대구시에는 영 솔루션Young Solution이라는 모임이 있다. 대구시청의 조직문화 개선을 위해 시청 내 젊은 직원들을 중심으로 2017년 4월부터 자발적으로 모인 모임이다. 영 솔루션은 청사 환경개선, 업무 매뉴얼 제작, 조직 내 불합리한 관행 개선 등 다양

---

36) 김난도 외, 『트렌드코리아 2022』, 미래의창, 2021년 10월.

한 과제를 발굴해 '작은 것부터~ 가까운 곳부터~' 개선하는 작은 변화를 만들어가고 있다.

2018년 4월 영 솔루션은 1박 2일 동안, 카카오, 파주출판산업단지 등 민간의 소통문화, 공간문화, 조직문화를 살펴보았다. "앞으로 영 솔루션 모임에서는 직책을 부르지 말고, 닉네임을 쓰도록 합시다. 저는 오늘부터 필라이트Filite라고 불러도 됩니다." 모두 웃었다. 일정을 마치고 아쉬운 마음에 숙소에 모인 뒤풀이 자리에 놓여 있던 맥주캔 이름을 보고 즉흥적으로 지은 닉네임이다. 톡톡 튀는 아이디어보다 자정이 넘도록 진지하고, 자유롭게 의견을 나누는 모습 속에서 희망을 보았다. 솔루션은 아이디어가 아니라 사람이다. 바로 우리 자신이 솔루션이 되어야 한다.

청년정책과는 초기에 매주 청년정책에 대한 미션, 애로사항, 일의 의미 등에 관하여 생각과 정서를 나누고, 작은 변화라도 서로 격려하는 건강한 조직문화를 위해 하트스토밍heart storming 시간을 가졌다. 코로나19 이후에는 한 달에 한 번 우리는 왜 이 일을 하는가?에 대한 공감에서부터 장미꽃 한 송이와 함께 서로의 업무와 작은 변화를 공유하는 "당신★덕분입니다!" 격려 이벤트도 하고 있다. 하트스토밍은 덴마크의 미래학자 롤프 옌센Rolf Jensen이 처음 한 말로, 조직원들의 정서를 효과적으로 이끌어내 하나로 모으는 과정을 말한다. 조직원들이 마음으로 생각을 나누는 것으로, 머리로 아이디어를 구상하는 브레인스토밍과 구분된다.

중소기업 인증제도가 많은 이유

중소기업의 임금격차 해소,
워라밸 문화 조성, 정보의 미스매치 해결해야

대기업과 중소기업, 정규직과 비정규직의 연봉 격차는 다소 개선되고 있지만 갈 길이 멀다. 고용노동부의 2020년 6월 기준 「고용형태별 근로실태조사 결과」에 의하면, 300인 이상 기업 정규직(=100)을 기준으로 시간당 임금을 비교한 결과 300인 이상 비정규직은 68.9%, 300인 미만 정규직은 57.3%, 300인 미만 비정규직은 44.5%였다.[37]

청년일자리 미스매치는 청년이 취업을 원하는 일자리인 대기업과 가능한 일자리인 중소기업 간의 임금격차에 기인하는 부분이 크다. 청년들이 눈높이를 낮추어서 중소기업에서 일을 시작하지 않고 오랜 시간이 걸리더라도 대기업에서 경력을 시작하기를 원하는 이유는 평생소득을 극대화하는 관점에서 더 나은 선택이기 때문이다. 한국개발연구원(KDI)은 2017년 「청년기 일자리 특성의 장기효과와 청년고용대책에 관한 시사점」 보고서에서 대졸 청년들의 경우에는 첫 일자리로의 이행기간이 장기화될 때 부정적 임금효과가 발생하는 동시에, 첫 일자리의 기업규모와 고용형태 역시 생애주기 소득의 관점에서 매우 장기적 효과를 미치고

---

37)「2020년 6월 기준 고용형태별근로실태조사 결과 발표」, 고용노동부, 2021. 5. 26.

있음을 확인하였다. 따라서 중소기업정책과 고용정책 차원에서 대기업과 중소기업 간 임금 등 근무여건 격차를 우선 줄여야 한다는 것이다.[38]

청년일자리 미스매치는 임금 등 보상의 미스매치뿐만 아니라 정보의 격차에서도 기인한다. 특히 중소기업 채용시장에서 구직청년과 기업 간의 정보 미스매치가 더 심각하다. 중소기업중앙회(2020. 8.)의 조사 결과[39]에 의하면, 구직정보 습득경로는 사람인, 잡코리아 등 민간 채용포털(76.3%), 워크넷 등 정부지원 포털(53.1%), 취업카페(35.3%), 학교(33.3%) 순이었으나, 이용 중인 채용사이트에 대해 만족한다는 비율(8.7%)은 매우 낮은 것으로 나타났다.

구직청년과 구인기업 간의 정보 미스매치는 중소기업 채용시장에서 더 심각하다. 중소기업 취업 관련 정보검색 시 기업문화나 분위기 파악이 어려움(38.9%), 업무범위와 특성을 알기 어려움(34.9%), 급여 수준이 명확하지 않음(34.7%) 순으로 애로사항이 있는 것으로 조사되었다. 청년들은 입사원서 등 각종 제출서류를 준비해야 하며, 특히 자기소개서 준비는 청년들의 큰 고민이다. 각종 자소서 유료 특강은 물론, 학원까지! 가히 청년들의 부담을 짐작할만하다. 반면, 청년 구직자들은 좋은 중소기업을 탐색하는 것

---

38) 「청년기 일자리 특성의 장기효과와 청년고용대책에 관한 시사점」, 한국 개발연구원, 2017년 7월.
39) 「중소기업 취업 관련 청년층 인식조사」, 중소기업중앙회, 2020년 8월.

부터 녹록하지 않다. 좋은 중소기업을 겨우 찾았다 해도 회사 홈페이지 정보와 채용분야, 채용규모, 대략적인 임금 수준 정보가 전부인 경우가 대부분이다. 복지제도와 기업문화, 업무범위와 직무특성까지 파악하는 것은 기대하기 어렵다.

구인난을 겪는 중소기업과 구직난을 겪는 청년을 이어주고, 중소기업의 근무여건을 개선시키기 위한 노력의 일환으로 기업의 신용등급, 성장성, 고용안정, 일·생활 균형, 임금·복지 등을 기준으로 기업을 선별해서 인증해 주고, 다양한 기업지원 인센티브를 제공하는 제도를 여러 부처·기관에서 마련하여 운영하고 있다.

이러한 기업인증제도의 시작은 가족친화 사회환경의 조성 촉진에 관한 법률 제15조에 근거해 여성가족부가 2008년부터 시작한 가족친화 인증기업이다. 자녀 출산 및 양육지원, 유연근무제도, 가족친화 직장문화 조성 등 가족친화 제도를 모범적으로 운영하는 기업 및 공공기관에 대하여 심사를 통해 가족친화 인증기업을 인증하고 있으며, 2020년 기준 4,340개의 기업과 기관이 인증을 받았다. 대구시는 2015년 대구일가정양립지원센터를 설립해 지역의 워라밸 문화 확산을 위하여 노력한 결과 2014년 19개 사였던 가족친화 인증기업이 2020년 134개로 증가했다.

2015년 7월 포럼 창조도시 활동으로 지역의 워라밸 문화 확산과 가족친화 인증기업에 관심을 갖게 되었다. 워킹맘을 위한 정책기획이라는 주제의 소셜다이닝 도란도란 모임에서다. 대구여성가족재단의 엄기복 팀장의 기조발제와 자유토론으로 진행되었다. 여성이 일하면서 일과 가정을 양립할 수 있는 정책에 대해 관심이 높아지는 계기가 되었다. 대구여성가족재단의 부설센터로 대구일가정양립지원센터가 시작된 이후, 대구테크노파크에 가족친화 인증기업제도를 소개하였다. 당시 필자는 대구테크노파크(원장 권업)에서 일하기 좋은 직장을 만들기 위한 GWP(Great Work Place) 추진TF를 맡고 있어서, 기업지원기관부터 가족친화 인증기업에 적극적인 관심을 가져야 한다는 생각에 이르렀다. 앞으로 워라밸 문화의 확산을 위해서는 기업단체가 중심이 되어 스스로 조직문화 개선에 적극 나서야 할 것이다.

고용노동부는 2016년부터 청년친화 강소기업을 선정하여 워크넷 구인 정보 우선 제공, 기업 홍보지원, 중소벤처기업부 지원 사업 우대 등 혜택을 제공하고 있다. 2019년 1,127개 기업, 2020년 1,276개의 기업, 2021년 1,222개가 청년친화 강소기업으로 선정되어 운영되고 있다. 청년친화 강소기업은 일반 기업과 비교했을 때 높은 임금수준을 보이며 청년 고용률, 정규직 비율, 신규채용 비율 역시 높은 것으로 나타났다.

대한상공회의소도 2019년부터 일하기 좋은 중소기업 639개를 선정하였다. 중소기업 취업 기피 현상으로 우량기업도 구인난과 저성장의 악순환을 겪고 있는 상황에서 근무환경이 우수한 중소기업을 발굴·소개하여 많은 청년 취업준비생들이 좋은 직장을 찾을 수 있도록 돕고 응원하자는 취지에서다.

중소기업중앙회와 중소벤처기업부는 구직자들이 일하고 싶은 우수 중소기업을 쉽고 편리하게 찾고, 다양한 일자리 정보를 확인할 수 있도록 참 괜찮은 중소기업 플랫폼을 2021년 2월 15일 오픈했다. 2014년부터 직장평가라는 새로운 접근으로 성장하고 있는 잡플래닛job planet이 참여했다. 기업에 대한 입소문으로 기업의 가치나 업무환경 등에 대한 평판을 조회할 수 있는 취준생·직장인의 소셜미디어로 리뷰review를 통해서 회사의 장·단점과 만족도를 확인할 수 있다. 이제는 내부직원의 만족도가 바로 기업의 외부평판이 된다. 하지만, 대부분의 중소기업은 여기에 신경 쓸 겨를이 없다고만 한다. 기업지원정책도 경영자 관점에만 머물 것이 아니라 종사자 관점에서 인적자원(HR:human resources) 투자와 조직문화를 충분히 고려해야 한다.

청년일자리 미스매치는 보상, 정보의 미스매치뿐만 아니라 양질의 중소기업 일자리도 서울 등 수도권 편중 심화에 따른 직·주 불일치가 매우 크다. 2021년 기준 청년친화 강소기업은 총 1,222개 선정되었는데, 서울 413곳(33.8%), 인천·경기 436곳(35.7%)으로 수도권의 비중이 69.5%다. 강소기업 중에서 임금, 일 생활 균형, 고용안정이 우수하여 청년들이 근무할 만한 중소기업은 10곳 중 7곳이 수도권에 있어 지방의 청년들은 대기업뿐만 아니라 중소기업 취업을 원해도 수도권으로 출향해야만 하는 현실이다. 대한상공회의소의 일하기 좋은 중소기업과 중소기업중앙회의 참 괜찮은 중소기업도 수도권 편중 현상은 동일하게 나타났다. 일하기 좋은 중소기업은 총 586개 중에서 서울 327개, 경기 110개, 인천 12개로 수도권 비중은 76.6%다. 괜찮은 중소기업도 수도권 비중은 63%에 육박했다. 직·주 불일치에 의한 중소기업 일자리 미스매치를 해소하고, 지방의 청년 유출을 줄여나가기 위해서는 지방 중소기업에 대한 추가적인 지원정책이 추진되어야 한다.

중소기업중앙회(2020. 8.)의 조사결과에 의하면, 취업 시 근무시간(78.4%), 출퇴근 교통(70.7%)이 중요한 고려요인이 되고 있음을 확인할 수 있었다. 또한 한국보건사회연구원(2020. 4.)의 조사결과에 의하면, 일과 관련한 청년의 부정적 경험 1위는 반복작업(25.32%)이고, 2위는 과중한 업무량(21.74%), 3위는 인격적 무시나 감정적 폭력(14.08%)으로 나타났다.[40] 대기업과 중소기업 간 임금격차를 줄여나간다면, 출퇴근 교통여건, 일하는 방식, 조직문화에 따라서 지방의 중소기업도 충분히 청년들에게 매력적인 일자리로 다가갈 수 있다.

대기업과 중소기업의 격차를 좁혀나가기 위한 정부와 민간의 노력은 안정성, 임금, 근로시간, 작업환경, 복리후생, 능력 발휘 환경 등 다방면에서 종합적으로 필요하다. 중소기업에 대한 인식과 호감도는 세대가 젊을수록 낮다. 정부는 중소기업 노동자들의 근무환경 개선을 위한 지원정책을 강화해야 한다. 우리 사회도 중소기업에 대한 막연한 편견을 버리고 인식개선이 될 수 있도록

---

40) 「청년층 생활실태 및 복지욕구 조사」, 한국보건사회연구원, 2020. 4. 1.

관심을 모아야 한다. 무엇보다 중소기업 스스로 일자리 자가진단 등을 통해서 보다 나은 일터가 되도록 노력해야 한다

일자리 예스매칭Yes Matching
작은 일자리, 틈새 일자리를 연결하여
큰 일자리를 만들다

　　　　　대한민국 청년 4명 중 1명이 일자리를 구하지 못하고 있다. 청년실업이 국가적 재난 수준이라는 국무총리의 표현이 결코 과언이 아니다. 기술혁신 등으로 과거의 좋은 일자리는 감소하고, 새로운 일자리의 등장은 멀다. 일자리 소멸시대의 도래에 대한 불안감이 팽배하고 있고, 위기의식으로 인한 담론은 무성하다. "소에게 무엇을 먹일까 하는 토론으로 세월을 보내다가 소를 굶겨 죽였습니다. 백百의 이론보다, 천千의 웅변보다, 만萬의 회의보다 풀 한 짐 베어다가 쇠죽 쑤어준 사람 누구입니까? 그 사람이 바로 일꾼입니다." 도산 안창호 선생의 말씀이다. 미래에 대한 구상과 방안도 마련해야 하지만, 우선 지금 할 수 있는 일부터 당장 해야 한다. 숨은 일자리, 틈새 일자리를 먼저 찾아야 한다. 지금도 노동시장의 미스매치mismatch로 청년실업은 가중되고 있다. 미스매치에 의한 실업은 크게 지역 노동시장에서 숙련도에 대한 수요와 공급의 불균형이 초래하는 실

업상태인 구조적 미스매치와 노동시장의 지리적, 공간적 차이 등으로 인한 구인 구직자 간의 정보 불균형에 따라 발생하는 일시적인 실업상태인 마찰적 미스매치로 구분할 수 있다.

지금 당장 우리가 단기적으로 할 수 있는 일은 작은 일자리라도 청년을 잘 연결하는 것이다. 정책실험을 통해서 가시적인 정책효과가 나타나고 있는 사례가 있다. 대구시와 대구청년센터가 2019년부터 본격적으로 추진한 청년사업장-청년 잇기 예스매칭 Yes Matching사업이다. 일 경험이 필요한 구직청년과 인재를 구하기 어려운 소규모 청년사업장을 위해 한정된 예산으로 두 청년층을 동시에 지원하는 누이 좋고, 매부 좋은 모델이다.

청년사업장은 대표자가 만 19~39세의 청년이거나, 상시종업원의 1/2 이상이 청년인 사업장으로 대상 범위를 설정하였다. 60% 이상이 5인 미만의 소기업이고, 창업한 지 5년 미만의 스타트업 start-up이 70% 이상이었다. 기존의 고용지원 사업은 대부분 제조업 중심이었으나, 청년 사업장은 70% 이상이 디자인, 콘텐츠, 광고, 교육, 문화·예술 ICT 등 지식서비스업종이었다. 청년사업장은 인지도가 낮았기 때문에 채용공고를 내어도 인력을 구하기가 어려웠다. 청년사업장은 본 사업을 통해서 90% 수준의 인건비를 지원받고 5개월간 청년의 일 경험 기간이 완료될 때, 최종적으로 계속 고용 여부를 결정할 수 있는 장점이 있었다. 구직청년들은 70% 이상이 4년제 대졸 취준생이고, 구직기간 1년 이하의 비율이 64%로 가장 높았다.

문과계열 전공자가 이·공계 전공자보다 2배 이상 많아서 취업의 문턱이 상대적으로 더 높은 문과 전공자에게 좋은 기회가 되었다. 일명 "문송합니다" 현상에 대한 정책대안으로서 언론도 주목을 하였다.[41]

청년사업장-청년 잇기 예스매칭은 구인난을 겪는 청년사업장에게는 좋은 인재를 인건비 부담 없이 채용할 수 있는 기회를 주었다. 일 경험이 필요한 구직 청년에게는 본인이 원하는 직무경험을 쌓고 사회 진입을 할 수 있는 기회를 주었다. 일거양득의 효과를 겨냥한 것이다. 2021년까지 청년일자리 예스매칭 사업을 통해 미취업청년 251명과 청년사업장 171개사를 연결해 일 경험을 완료했으며, 이 중 50명이 바로 정식 고용계약을 체결하였다. 이후, 수료한 청년들을 추적조사를 해보니 타 기업에 취업한 청년을 포함하면 140명이 넘었다. 일 경험 기간 이후에 청년사업장에 계속 고용이 된 청년들은 공기업·대기업이 아니더라도 본인이 근무하고 싶은 업종과 직무, 그리고 조직문화와 워라밸Work-life balance을 중시하는 청년들이었다.

청년들만 길을 찾은 것이 아니라, 새로운 도약의 계기를 맞게 된 청년사업장의 사례도 많았다. 몇 년째 예스매칭 사업에 참여한 (주)아스트로젠은 난치성 신경질환 치료제 개발 스타트업으로서 인재확보를 통해서 2020년 투자유치 150억 원, 중소벤처기

---

41) "문송합니다… 해결 나선 대구시", 한국경제신문, 2019. 11. 28.

업부 아기유니콘 선정, 대구 스타트업 어워즈 대상 수상 등 쾌거를 이루게 되었다. VR 콘텐츠 제작·판매 및 플랫폼 개발을 하는 모두의 VR 장병목 대표는 "예스매칭 사업은 부족한 인력문제에 큰 도움이 되며, 함께하는 청년들로 인해 업무가 체계적으로 바뀌었습니다." 며 적은 인원으로 모든 업무를 추진해야 하는 스타트업의 입장에서 효능감을 표현하였다.

청년사업장-청년 잇기 예스매칭 사업은 2018년도 하반기에 1억 원으로 10명의 청년을 대상으로 작지만 빠른 정책실험을 통해서 사업모델의 완성도를 높이고, 주관기관의 학습을 통한 역량을 높이면서 본사업의 시행착오를 사전에 줄일 수 있었다.

이 사업은 청년일자리 미스매치 해소를 위한 성공적인 정책모델로서 정착되고 있다. 성공요인은 첫째, 구인기업의 규모를 창업한 지 5년 미만의 스타트업에 집중하여 젊은 인재를 단 한 명이라도 간절히 원하는 기업들이었다. 둘째, 청년이 대표자이면서 청년이 선호하는 조직문화를 가진 기업들이었다. 셋째, 구인기업이 대부분 지식서비스업으로 대졸 청년들이 선호하는 업종이고, 상대적으로 취업이 더 어려웠던 4년제 문과 전공 대학생들에게 좋은 기회가 되었다. 넷째, 구직자와 구인기업 간에 정보 비대칭을 줄이기 위해서 청년사업장의 기업정보와 구인정보를 청년관점에서 온라인으로 제공하였다. 또한 청년사업장과 구직청년이 상호 관심을 충분히 살펴볼 수 있는 기회를 잇기 박람회에서 제공하였다. 상호 1~3순위로 선호도를 설정하고 매칭률을 높여나가는 방식이 효과가 있었다. 다섯째, 5개월의 일 경험 기간을 수료한 청년들에게는 사회진입활동지원금을 150만 원 지급하였다. 초기에 쉽게 중도 포기할 수 있는 유혹을 인내하는데 도움이 되었을 것이다. 일 경험 이후 계속 고용이 된 청년에게는 사회 첫 출발 지원금으로, 계속 고용이 되지 않은 청년에게는 구직활동 지원금 성격으로 사용되었다. 마지막으로 일 경험 청년이 청년사업장에서 잘 적응할 수 있도록 1:1 멘토를 지정하는 등 청년센터에서 청년관점으로 세심하게 사업을 디자인하고 실행하였다. 하지만, 청년센터에서 한 해에 진행할 수 있는 일 경험 지원규모는 한계가 있다. 하나의 주관기관에서 지원규모를 무작정 확대하여 추진하면, 사업의 완성도와 서비스의 질을 저하시길 우려가 크다. 따라서 예스매칭 모델을 다른 주관기관, 다른 지원사업에 적용하여 확산시켜 나가야 한다.

진화하는 한국의 청년정책

청년정책의 오래된 미래

청년정책의 오랜 숙제,

청년정책의 원형을 확인하다

2017년 5월 청년정책과 업무를 맡고 보니, 그동안 제도적 추진기반은 잘 구축되어 있었다. 아쉬운 점은 2017년 1월 16일 대구시가 청년정책 기본계획인 2020 청년희망 대구를 발표하였지만, 시행계획은 대부분 공급자 관점에서 기존 일자리정책의 재구성에 그치는 한계가 분명해 보였다. "이 사업은 중소기업 육성정책이지 청년정책이 아닙니다." 청년의 목소리다. 청년의 시각, 청년의 삶 관점이 잘 보이지 않았다. 이러한 문제인식을 시작으로 대구형 청년보장제를 구상하게 된 것이다.

먼저 한발 앞서 청년정책을 추진하고 있었던 서울시와 광주시의 우수사례를 살펴보았다. 참고문헌도 찾아서 읽고, 서울혁신파크와 광주시 청년센터도 직접 방문하여 눈으로 확인하였다. 서울시에서 벤치마킹하였다는 해외 선진국의 청년정책 현장도 직접 확인할 수 있는 기회를 만들었다. 서울시, 광주시, 대구시 3개 지자체와 청년센터 간 교류와 협력이 활발해지면서 청년보장제도 유럽 선진국가 합동연수를 공동으로 기획하고 함께 다녀왔다.

청년보장제도 선진국가 합동연수의 결과는 두 번의 청년보장 포럼으로 이어졌다. 2017 청년보장포럼(10. 26.)은 서울혁신파크 미래청 청년허브에서 열렸다. 연사로 참석한 프랑스의 니콜라 파르바크 ORSEU연구소 연구책임자는 청년보장이란 청년들을 좀더 '자율적'으로 만들기 위한 정책으로 정의하였다. 여기서 자율성이란 최소한 세 가지를 의미한다. ① 각자의 삶과 노동의 세계에 관련된 개인적 자유, 즉 걸림돌이 없는 상태이다. ② 노동시장과 관련되어 일을 할 수 있는 자유, 스스로 성장할 수 있는 자유, 인생 전체를 통해 무엇을 배울 수 있는 자유이기도 하다. ③ 재정적 자율성, 즉 자신의 일상생활이나 노동시장에 관련해서 원하는 것을 결정할 수 있는 자유이다. 그는 15년 동안 프랑스의 진입(insertion)정책을 연구하였다. "진입한 사람들"이란 노동시장의 안정적 위치에 있는 사람들을 의미한다.[42]

EU(유럽)의 청년보장(Youth Guarantee)제도는 2008년 금융위기 후,

---

42) 「2017 청년 보장 포럼 자료집」, 서울특별시·서울특별시 청년허브 2017. 10. 26.

청년실업률과 니트NEET 증가에 따른 조세감소와 청년의 장기실업 및 니트화 예방을 위해 유럽연합집행위원회가 2013년 도입하였다. 2013년 당시 EU 28개국 평균 청년실업률은 23.7%이며, 실업 청년층의 1/3정도가 12개월 이상의 장기 실업자였다. 청년보장은 회원국이 자국의 청년실업 문제에 대응하기 위해 신속히 개입할 수 있도록 하는 새로운 정책 이니셔티브initiative이다.

2013년 유럽의회에서 결정한 청년보장의 주요 목표는 실직 또는 교육과정을 마친 25세 이하의 청년들에게 고용과 견습, 교육과 같은 양질의 기회를 제공하여 4개월 안에 그 상황에서 벗어나도록 돕는 것에 있다. 4개월을 넘어가면 장기실업상태에 빠질 가능성이 높아지기 때문이다. 2016년에는 유럽의 청년실업률이 18.7%로 눈에 띄게 감소하였다. 또한 청년보장제도는 기존 고용정책의 변화를 통해 정책혁신을 가져왔다. 정책 영역 전반의 장벽을 해소하고 협력관계를 구축하고, 국가별 견습 및 직업훈련 과정 개혁, 공공 고용 서비스가 보다 대상 설정을 잘 하도록 서비스를 개선하고, 니트 청년에 대한 정책 조기 개입이 이루어졌다. 청년보장제도의 재원은 EU 차원에서 조성한 유럽사회기금(European Social Fund)을 활용하였고, 유럽투자은행에서 청년보장제도 프로그램의 하나인 기술과 일자리-청년을 위한 프로그램에 2013년부터 60억 유로를 배정하였다.[43]

---

43)「해외 주요국 청년정책 현황조사」, 대통령직속 청년위원회·한국보건사회연구원, 2016년 11월.

2018년(9. 29.~10. 7.) 대구, 광주 2개 지자체와 대구, 광주, 서울의 3개 청년센터가 함께 핀란드와 독일을 직접 다녀왔다.[44] 대구형 청년보장제를 2019년에 본격적으로 시행하기에 앞서 서비스 전달체계(방식, 경로, 협력관계)에 대한 고민이 많았는데 도움이 많이 되었다. 서비스 전달체계가 중요한 이유는 아무리 좋은 정책을 마련한다고 해도, 서비스가 고객에게 전달되는 경로와 서비스 품질을 제대로 관리하지 못한다면 정책의 효과가 감소되기 때문이다. 정책효과를 높이기 위해서는 정책 디자인, 서비스 전달체계, 지속적인 피드백과 보완이 모두 중요하다.

핀란드의 청년보장제, 독일의 일-학습 병행제를 살펴보면서 두 가지 측면에서 큰 성공여건을 보았고, 정책적 시사점을 얻었다. 첫째, 핀란드와 독일은 지방분권이 잘 이루어진 국가였다. 중앙정부의 하향식 정책 추진이 아니라, 오히려 지방에서 자율적으로 만든 정책을 중앙에서 참여하고, 지원하는 구조였다. 또한 지방 재정이 든든해서 자율적으로 좋은 정책을 과감하게 추진할 수 있는 여건이 되어 있었다. 예를 들면, 우리나라의 국세-지방세 비율은 7:3인데, 핀란드의 경우는 국세-지방세 비율이 5:5, 독일은 오히려 4:6 정도이다. 둘째, 부처 간, 중앙과 지방, 그리고 유관기관의 협업시스템이 잘 갖추어져 있었고, 시민사회의 자발적인 봉사와 참여, 비영리기구의 활동이 큰 역할을 했다.

---

44)「청년 보장제도 선진국가(핀란드, 독일) 합동연수(2018. 9. 29.~10. 7.) 결과 보고」, 대구광역시

청년이슈와 고용대책의 변천

IMF 외환위기가 낳은 88만 원 세대는
청년고용대책으로 사라졌을까?

　　　　　　　　　　우리나라의 청년고용대책 도입
은 1997년 IMF 외환위기로 인한 청년실업문제로 촉발되었다.
2007년 88만 원세대 논쟁으로 청년담론이 형성되면서 청년이슈
가 태동되었고, 이후 2008년 글로벌 금융위기로 인한 고용불안과
반값등록금 논쟁, 2009년 10월 청년고용촉진특별법 개정과 안철
수 청춘 콘서트, 2010년 12월『아프니까 청춘이다』발간 등으로
논쟁이 되면서 청년담론이 확산되었다. 2013년 박근혜 정부의 출
범, 2014년 6월 전국동시지방선거에서 청년공약이 다수 나오고,
2017년 9월 서울시에서 청년수당 정책을 시행하면서 청년담론에
대한 관점이 변화되었다.

　2007년 경제학자 우석훈과 기자 출신 블로거 박권일이 함께 쓴
책『88만 원 세대』는 자신의 목소리를 내지 못하고 기득권을 차
지한 힘 있는 기성세대에 밀려 열악한 일자리로 내몰리는 청년세
대를 상징하는 말로 당시 사회적 이슈가 되었다. 88만 원 세대에
서 88만 원은 우리나라 비정규직의 평균 임금인 119만 원에 20대
의 평균 소득 비율 74퍼센트를 곱해서 산출한 금액이다.

　2006년 지방선거 때 한나라당 의원들이 등록금의 가계 부담을
줄이기 위한 하나의 아이디어로 제시하면서 반값등록금이 처음

화두에 오르기 시작하였고, 2007년 이명박 후보의 반값등록금 공약 논쟁으로 불거졌다. 2008년부터 시민단체 등에서 반값등록금 이행을 계속 요구하면서 확산되었고, 이는 대학재정위기와 대학생의 현실 사이에서 갈등구조로 현재까지 이어지고 있다.

2010년 말에 출간된 김난도 교수의 『아프니까 청춘이다』는 불안한 미래로 외로운 젊은이들을 다독거리는 힐링 콘텐츠로서 2011년, 2012년 연속 베스트셀러에 오르기도 했었다. 하지만 아프니까 청춘이다라는 제목이 패러디되면서 사회구조적인 맥락을 고려하지 않고 끊임없는 노력과 시행착오를 통한 성장만을 강조한다는 논란에 휩싸이면서 청춘팔이라는 비판까지 받았다. 김난도 교수가 초고에 적어온 제목은 '아프니까 청춘이다' 가 아닌 '젊은 그대들에게' 였다고 한다.

안철수의 청춘 콘서트는 이화여대를 시작으로 2010년 전국 대학을 돌면서 당시 유명인사를 게스트로 초대하여 멘토에 목말랐던 20대 청년들과 소통하면서 2011년 강연 열풍을 일으키게 되었다. 당시에는 스마트폰이 널리 보급되기 이전이었고, 지금처럼 유명인사들의 강연을 동영상을 통해서 손쉽게 볼 수 없었던 시절이었다. 2011년 9월 9일 경북대에서 열린 2011 희망공감 청춘콘서트가 마지막 행사였다. 필자도 당시 지역대학 교수님들의 요청으로 가끔 대학생을 위한 진로특강 기회를 가지고 있었던 터라 관심이 많아서 참석하였다. 당일 마지막 청춘 콘서트로 알려져서인지, 행사장은 통로까지 청중들로 가득찼다.

2017년에 발간된 청소년정책연구원의 「청년정책 추진체계 발전방안 연구」를 토대로 역대정부별 청년정책을 살펴보자. IMF 외환위기 이후 대량 실업에서 파생한 청년 실업 및 고용문제를 둘러싼 정부의 청년정책 지원의 특징은 주로 고용관련 정책이 중심이었다.[45)]

김대중 정부(1998-2002)는 IMF외환위기로 수많은 기업이 도산하고, 대량실업사태가 발생함에 따라 국무총리 소속으로 실업대책추진위원회를 설치하여 대량실업사태에 대응하고자 하였다. 고용정책의 기본틀이 실업대책이었고, 실업대책의 세부대책으로 고용안정지원, 새로운 일자리 창출, 직업훈련 및 취업알선, 실업자 생활안정의 대책이 마련되었다. 5년 동안 일자리 정책 예산으로 총 26조 6천억 원을 사용하였다.

노무현 정부(2003-2007)는 IMF 외환위기로 인한 실업대란 이후 2003년까지 실업률이 3%대로 하락하였으나, 기업들이 신규채용을 기피하고 경력자 중도채용을 확대함에 따라 청년실업이 심화되었다. 또한 임시직·일용직 등 비정규 근로자의 비중 증가로 인한 노동시장의 양극화 문제가 제기되었다. 청년실업 문제가 고착화됨에 따라 2003년 9월 「청년실업 종합대책」을 발표하게 되었고, 중앙정부 차원에서 청년을 대상으로 특화한 청년정책의 시초가 되었다. 이후 2004년 3월 '청년실업해소 특별법'이 제정되었

45) 「청년정책 추진체계 발전방안 연구」, 대통령직속 청년위원회·한국청소년 정책연구원, 2017년.

다. 청년 미취업자 문제에 대한 중앙행정기관 간, 지역 간, 사업 간 업무조정을 원활히 하기 위해 대통령 직속으로 청년실업대책 특별위원회를 설치하였다. 5년간 공공부문 일자리 지원예산의 총규모는 8조 910억 원으로 김대중 정부 예산의 30%에 해당되었 지만, 청년실업대책은 3조 3,853억 원으로 비중이 가장 높았다.

이명박 정부(2008-2012)에서는 '청년실업해소 특별법'을 2009년 10월 '청년고용촉진 특별법'으로 개정하여 현재까지 시행 중이 다. 청년고용촉진특별위원회를 고용노동부 소속으로 설치하여 그 위상은 낮아졌다. 2008년 초기 발생한 미국발 금융위기에 따른 경제위기로 정부재원의 투입을 통한 단기적 일자리 사업 등이 확대됨에 따라서 5년 동안 일자리 정책 예산으로 총 46조 1천억 원을 사용하였다.

박근혜 정부(2013-2017. 4.)에서는 대통령 직속으로 청년위원회를 설치하고, 청년의 삶을 포괄하는 정책을 시도하고자 하였다. 2013년 7월 16일 청년위원회가 출범했지만, 기성세대와 유명인 들 중심의 위원회 구성으로 청년 당사자성에 대한 인식은 낮았던 것으로 보인다. 대통령 직속 청년위원회는 청년과의 소통 및 청 년 관련 정책·사업의 기획·조정·평가 등에 관하여 대통령의 자 문에 응하는 자문기구의 형태로 설치되었으며, 실질적인 청년고 용대책은 경제관계장관회의와 같은 협의체를 통해 수립되었다. 청년층 대상 재정지원 일자리 정책의 예산은 2013년 1조 6천여 억 원에서 2016년 2조 1천여억 원까지 4년 동안 30.7% 증가하였고, 4년간 총 7조 6천여억 원 이상 사용하였다.

특이한 내용으로는 2015년 9월 박근혜 전 대통령이 1호 기부자로 참여해 조성한 청년희망펀드가 있다. 그리고 1호 기부를 시작으로 국민들의 성금이 모인 청년희망펀드를 모태로 2015년 10월 19일 청년희망재단을 설립하였다. 청년희망재단은 청년 구직자들에 대한 분야별 멘토링, 일자리 정보 One-stop 서비스, 일자리 매칭사업, 인재육성 사업, 글로벌 해외진출 사업을 추진하였다.

청년희망펀드에는 12만 명 이상이 기부에 동참해 1천461억 원에 달하는 펀드를 조성했다고 한다. 그런데 70%인 1천20억 원을 16개 재벌그룹이 냈다. 삼성 200억 원, 현대차 150억 원, LG 70억 원이 대표적이다. 대기업들이 미르재단과 K스포츠재단에 수백억 원을 기부했던 최순실 국정농단 사태와 오버랩되면서 정경유착의 또 다른 모습이라는 비판도 받았다.[46] 하지만, 문재인 정부 출범 이후 2018년 9월 6일 재단 명칭을 재단법인 청년재단으로 변경하여 현재 계속 운영 중이다.

문재인 정부(2017. 5.-2022. 5.)에 들어서 청년정책은 초기에 일자리정책으로 강하게 선회하는 경향을 보였고 일자리정책의 하위범주로 부문화되고 있었다. 대통령 직속 일자리위원회가 청년고용대책 전반을 다루었으며 일자리위원회 내 청년TF 정도를 별도로 운영하였다.[47]

---

46) "박근혜 정권이 만든 청년희망재단 운명은?", 매일노동뉴스, 2017. 8. 23.

역대 중앙정부의 청년정책은 청년기본법, 청년기본계획의 부재로 청년정책에 대한 기본 방향과 목적이 명확하게 정립되어 있지 않아 정책수립 및 시행에 있어 체계적인 운영과 집행에 한계가 있었다. 이로 말미암아 청년이 겪는 문제를 명확하게 인식하지 못한 채, 청년으로서 해당하는 연령이 정책 대상으로 포함되어 있으면 청년 정책으로 명시되는 사례가 많았다. 따라서 청년정책 및 사업에 대한 부처 간 총괄조정의 역할과 추진체계 구축이 요구되었다. 이런 와중에 2018년 5월 국회 청년미래특별위원회가 청년기본법 도입을 위해 정당 간 합의 법안을 마련하면서 중앙정부의 청년고용대책은 청년정책으로 전환하는 새로운 국면을 맞게 되었다.

지자체 주도 청년보장제의 태동

청년들에게 삶의 자리를 만들어주고,

원활한 생애이행을 지원한다

2015년 11월 5일, 서울시는 우리나라 최초로 2020 서울형 청년보장을 발표했다. 서울시 청년기본조례에 따라 서울시의 종합적 청년정책 실행을 위한 5개년도 청

---

47) 「2018 청년공감포럼 자료집」, 대구광역시·대구광역시청년센터, 2018. 12. 20.

년정책 기본계획이다. 서울형 청년보장은 크게 일자리(일자리 진입 지원 및 안전망 구축), 살자리(주거 및 생활안정), 설자리(사회참여 역량강화 및 생활지원), 놀자리(청년활동생태계 및 정책기반 조성)의 4개 분과 20개 정책으로 구성되었다.

서울시는 청년들이 직면한 문제가 청년이라는 특정한 생애 주기를 넘어 미래로 이어지는 보편적인 문제로 연결되고 있음을 절실히 느끼고, 청년들에게 삶의 자리를 만들어주기 위하여 2016년부터 2020 서울형 청년보장을 추진하기로 하였다. 특히, 사회 밖 청년을 다각도로 지원해 기본적 활동, 자립토대를 마련하는 데 역점을 두었다. 서울 거주 20대 청년의 경우, 졸업유예, NEET(Not in Education, Employment or Training), 초단시간근로자 등 대학생도 취업자도 아닌 사회 밖 청년이 34.9%인 50만 2,000명에 이르는 상황이었다.[48]

서울시는 전국 최초로 2015년 1월에 서울특별시 청년 기본조례안을 마련했으며, 청년정책담당관도 신설해 보다 밀도 있는 청년정책을 추진하였다. 우리나라의 청년정책은 서울시를 시작으로 전국 지자체로 확산되었으며, 지자체의 청년기본조례에 근거하여 지자체 주도로 발전되었다. 서울시에 이어 전라남도(2015. 7. 23.), 광주광역시(2015. 12. 28.), 대구광역시(2015. 12. 30.)가 선도적으로 제도적 근거를 마련하였다. 서울시와 대구시는 청년보장이라는

---

48) "서울시 청년정책, 어디까지 알고 계신가요?", 내 손안에 서울, 2015. 12. 10.

지향가치를 가지고 정책용어로 사용하고 있다.

　서울시와 대구시의 청년보장이 지향하는 가치와 용어는 유럽연합(EU)의 '청년보장(Youth Guarantee)제도'에 그 기원을 두고 있다. 전 세계적인 금융시장 충격, 산업구조 변동, 노동시장 변화와 청년실업 급증으로 유럽과 미국, 일본, 한국은 각기 국가별 시장구조와 교육체계의 특성에 따라 기존의 사회보장제도 및 청년 관련 정책을 고려하여 청년정책을 만들었다. 유럽연합(EU)은 Youth Guarantee(2013), 미국은 Pathways for Youth(2013), 일본은 청년자립·도전계획(2013), 한국은 2015년부터 지자체별로 청년기본조례에 근거하여 추진하였다.

　대구시는 2018년 9월 11일 지역 청년 150여 명 및 관계자들이 참석하는 청년공감 청년원탁회의를 개최하고, 대구형 청년보장제(안)를 발표하였다. 2018년부터 청년의 삶 관점에서 다양한 사회진입조력사업들을 시범적으로 추진하면서 대구시 청년위원회, 청년정책연구모임 청년ON, 청년정책위원회, 민·청·관 청년정책 T/F(5개 분과, 82명)의 의견을 수렴하여 청년보장제(안)를 마련하였다. 청년원탁회의에 참여한 청년들에게 휴대폰 번호를 공개하고, 언제든 의견을 주고, 언제든 청년정책과를 방문해도 좋다고 강조하였다. 정책의 완성은 발표로 이루어지는 것이 아니다. 아이를 낳듯이, 이제 출생 신고를 한 셈이다. 청년정책현장에서 기획(Plan) - 실행(Do) - 평가(See) - 환류(Feedback)의 과정이 동시적으로 지속되어야 정책의 완성도가 높아진다.

대구형 청년보장제는 세 가지 측면에서 특징을 가지고 있다. 첫째는, 정부나 타 지자체의 일자리 및 수당 위주의 단편적 정책을 지양하고 청년의 생애이행과정(교육기→사회진입기→직업기→안정기)별 순조로운 이행을 지원하기 위한 입체적·포괄적 정책이다. 청년기를 별개의 인생국면으로 인식하고 청년정책을 일시적 취업지원 정책이 아니라 지속적이고 종합적인 세대정책으로 재구성했다는 점에서 의의가 있다. 둘째, 수요자 관점에서 청년들이 쉽게 접근하고 체감할 수 있는 정책, 청년 스스로의 역량을 제고할 수 있는 정책을 마련하였다. 셋째는, 민·청·관 지역공동체 차원의 소통과 협업으로 청년희망 도시공동체를 조성하여 정책효과의 극대화를 추구하는 것이다.

2019년 처음으로 시행된 대구형 청년보장제의 청년정책 시행계획은 총 50개 사업, 902억 원 규모로 시행되었다. 특히 대구시 16개 부서가 협업을 통해 청년들이 체감할 수 있는 직접 지원방식의 사업을 중심으로 추진되었다. 2021년 제2차 대구시 청년정책 기본계획 수립을 앞두고 청년실태조사를 실시하였다. 청년계층별 생활실태와 그간 참여한 청년들의 만족도를 확인할 수 있었다. 참여자들의 대구시 청년정책 지원사업 추천 의사는 94.9%로 높게 나타났고, 대구시 청년정책에 대한 인지도는 47.2%(2019년 6월)에서 56.8%(2021년 6월)로 상승하고 있었다. 청년정책사업 참여후 대구에서의 취·창업 의향, 소속감, 자부심, 대구 거주 의향은 모두 높아졌다. 청년은 정형화된 단일한 계층이 아니다. 수요자 맞춤형으로 차별화된 정책을 만들어서 각각의 프로그램에 대한 효능감은 높았지만, 청년수당이나 청년배당과 달리 이슈파이팅은 없었다.

대구시는 지난 2021년 9월 18일 제2회 청년의 날을 맞아 지자체 청년정책 선도 및 전국적 확산에 기여한 공로를 인정받아 2020년에 수상한 서울시에 이어 전국에서 두 번째로 청년정책 유공 대통령 표창을 수상했다. 청년정책 유공자 표창은 2020년에 제정된 청년기본법에 근거해 시행됐다.

지자체가 시도한 청년보장제의 정책적 실험이 청년기라는 생애이행과정에서 직면하는 다양한 사회적 문제를 얼마나 해소하고, 격차의 공백을 얼마나 메꿀 수 있는가는 추후 평가가 있겠지만, 분명한 것은 재정자립도가 낮은 많은 지자체의 형편을 고려할 때 중앙정부와 지자체가 역할분담을 통해서 협력해야 그 효과가 크게 발휘될 수 있다는 것은 분명하게 보였다.

한국청년정책의 전환 국면

청년정책은 다음 세대,
다음 사회를 위한 미래정책이다

청년의 눈물, 문재인 대통령이라는 단어가 4월 2일 조간신문과 인터넷 뉴스를 도배했다. 대통령 앞에서 눈물을 흘린 청년단체 대표는 엄창환 전국청년정책네트워크(전청넷) 대표다. 역대 정권이 청년 문제를 대하는 방식의 개선 방향을 이야기하다가 울컥했고, 눈물을 흘렸다. 지난 2019년 4월 1일 오후 청와대에서 열린 시민사회단체 초청 간담회 자리에서 벌어진 일이다.

엄창환 대표는 현실이 답답해 눈물이 나왔고, 역대 정권, 정치, 언론에서는 늘 청년문제를 진지하게 다루지 않아서 아쉬웠다고 이후 언론 인터뷰를 통해 소회를 이야기했다.[49] 눈물의 호소이었든, 분노의 목소리이었든 간담회 이후 청년정책의 시계가 조금 더 빠르게 돌아간 것 같다.

더불어민주당과 정부, 청와대는 2019년 5월 2일 국회에서 당정청 협의회를 열고, 국무총리실에 청년조정정책위원회를 설치하고 실무적 뒷받침을 위해 국무조정실 내 청년정책추진단을 만들기로 하였다. 아울러 당에는 청년미래연석회의를 구성하고, 청와대 시민사회수석실에는 청년정책관실을 신설해 당·정·청이 유기적 소통을 통해 청년 정책을 수립한다는 것이다.

2020년 8월 5일 청년기본법이 시행되었다. 청년기본법은 4년 만에 빛을 보게 된 것이다. 2020년 1월 9일, 제20대 국회의 막차를 탔다. 청년기본법 시행으로 인해서 만 19세~34세 청년에 대한 체계적이고 종합적인 지원을 바탕으로, 청년발전을 도모하기 위

---

49) "문 대통령 앞 눈물 흘린 청년이 못 다 했던 말들", 오마이뉴스, 2019. 4. 2.

한 계획 수립이 가능해졌다. 정부는 법안에 기초해 5년마다 청년정책 기본계획을 수립·시행하고, 청년정책 컨트롤타워로서 국무총리가 위원장인 청년정책조정위원회를 구성한다.

2020년 12월 23일 제1차 청년정책 기본계획, 2021년 3월 30일 2021 청년정책 시행계획이 발표되면서 우리나라 최초로 종합적이고 체계적인 청년정책기본계획과 시행계획이 설계되고 발표되었다.

2021년 6월 21일 문재인 정부는 기존의 청년정책관을 격상하여 20대 박성민(1996년생) 청년을 1급 청년비서관으로 발탁하고, 국무조정실 산하의 청년 전담조직인 청년정책추진단을 2021년 6월 15일부터 청년정책조정실로 격상하였다. 이러한 배경에는 6월 11일 이준석(1985년생) 국민의힘 대표 당선으로 여권의 위기감이 고조된 것이라는 언론의 평가도 있었다.

2021년 시행계획에는 일자리, 주거, 교육, 복지문화, 권리참여 5개 영역별로 중앙정부와 지방정부까지 포함해 총 1,566개 과제(26조 원)가 포함되어 추진되었다. 그럼에도 불구하고, 부동산 가격 폭등 등 청년의 삶을 둘러싼 환경변화가 청년의 삶을 더욱 어렵게 하는 방향으로 전환되고 있었고, 청년층의 불안정성은 정신건강, 주거, 교육 등으로 전이되고 있었다. 정부는 이를 해결하기 위해 시행계획 발표 후 약 5개월이 지난 8월 26일 저소득 청년월세 주거지원 등 청년 특별대책을 추가로 발표했다.

지자체의 청년정책도 2021년 말 기준 전국 243개 지자체 중에서 235개(96.7%)가 조례를 제정하고, 청년센터도 195개(광역 91, 기초 104)를 구축하는 등 운영의 틀을 갖추어가고 있다. 하지만, 청년정책이 청년의 삶 관점에서 청년 생활 속으로 더 가까이, 더 구체적으로 찾아가야 함을 다시금 상기하게 된다. 2021년 말 사회적으로 논란이 된 간병살인사건은 가족돌봄청년(Young Carer)에 대한 관심을 매우 증가시켰고, 2022년 2월 14일 정부는 가족돌봄청년 지원대책 수립방안을 발표하였다.

그동안 우리나라의 청년정책은 크게 중앙정부 주도의 청년고용대책과 지자체 주도의 청년종합정책으로 발전해 왔다. 중앙정부보다 상대적으로 삶의 현장에 가까웠기 때문에 거버넌스라는 참여공간을 통해서 청년의 욕구와 수요를 정책에 반영함으로써 지자체는 청년의 삶 관점에서 청년정책의 새로운 지평을 열어갈 수 있었다. 이후 전국의 청년들과 지자체의 목소리, 선도적인 정책실험과 변화사례가 중앙정부 청년정책의 변화를 이끌어 내었고, 정치·경제·사회의 환경변화와 여론의 파고가 변화를 가속화시켰다.

2022년 3월 9일 대한민국 제20대 대통령 선거가 치러졌다. 선거는 여야 모두 유독 청년을 많이 호명하는 선거였다. 대선 과정에서 국민의힘은 청년원가주택 30만 호, 소득 있는 청년의 중장기 재산형성을 돕기 위한 청년도약계좌 도입, 미래지향적 대학발전 생태계 조성, 대학 중심의 스타트업 열풍 조성, 병사 월급 200만 원 보장 등의 공약을 제시하였다.

최근 윤석열 당선인의 대통력직인수위원회의 청년소통 TF는 전 부처에 청년자문단을 구성하고, 장관 직속의 청년보좌역을 배치하겠다고 밝혔다. 청년진흥원, 청년정책연구원, 청년발전기금 신설을 윤석열 정부 국정과제로 추진하여 청년들이 국가의 주요 지원 정책 대상에서 소외된 측면이 있다고 보고, 정책 역량을 강화하겠다고 밝혔다.

　이제 다시 한번 청년정책의 근본적 모색이 이루어지는 전환의 국면이다. 새 정부가 꼭 가져가야 할 관점과 기조를 정리해 본다. 첫째, 청년이 겪고 있는 문제를 일자리 문제로만 바라보면 안 되고, 청년의 삶 관점에서 정책을 수립하고 추진해야 한다. 둘째, 청년 인지적 관점이 협의의 청년정책뿐만 아니라 정부의 제반 국가정책에 반영이 되어야 지속가능한 미래를 만들어나갈 수 있다. 특히, 서울과 비수도권 간의 지역격차가 심화된 결과로 지방청년은 이중격차로 인한 이중고를 겪고 있기 때문에, 지역균형발전정책도 청년의 관점에서 청년정책과 함께 연계하여 추진해야 한다.

　마지막으로 청년정책의 추진은 청년을 중심으로 민과 관의 소통과 협력으로 추진해야 하며, 중앙정부와 지자체의 역할분담이 이루어져야 한다. 정부정책은 결국 마중물 역할이며, 궁극적인 변화는 청년주도로 민간의 참여가 이루어져야 한다. 또한 지자체는 정책실험을 통해서 정책모델을 만들고 중앙정부는 정책을 키워서 확산하며, 효능감 높은 서비스 전달체계를 함께 작동시켜야 한다.

코로나19 장기화로 인해 무력감으로 고립되어 있는 청년들에 대한 돌봄과 청년층의 젠더갈등을 해결하기 위한 노력도 늦출 수 없는 당면과제다. 청년정책은 다음 세대, 다음 사회를 위한 미래 정책이다. 실패해서는 안 된다.

2부

청년의 꿈과 공동체의 미래

청년창업, 실패도 자산으로

청년창업 기대해도 될까?

창직자(job creator)를 위한 것인가?

청년실업 구명보트인가?

　　　　　　　　　10여 년 전부터 창업 정책은 여러 적극적 노동시장 정책들 중에서도 청년들이 소득을 올리고, 경제적 잠재력을 촉발시키는 중요한 수단이자 대안으로써 전 세계적으로 점점 더 각광을 받아왔다. 해외 전문가들의 연구에 따르면 청년창업 증진이 중요한 이유는 다양한 측면에서 발견된다.

　• 청년창업 증진이 중요한 이유[50]

　(1) 창업가 자신들을 포함해 인력 채용을 통해 고용기회를 확

---

50) 피터 보겔,『청년실업 미래보고서』, 원더박스, 2016년 4월.

대한다.

(2) 사회적으로 고립되고 소외된 청년들을 노동시장으로 다시 복귀시킨다. 특히 젊은 창업가들은 또래의 젊은 직원들을 고용하는 경향이 있다.

(3) 실업으로 인한 사회심리적 문제들을 해결하는 데 도움을 준다.

(4) 청년들이 새로운 기술을 익히고 직무 경험을 쌓고, 그에 따라 취업 가능성을 높이는 데 도움을 준다.

(5) 새로운 제품과 서비스 창출을 통해서 지역사회를 활성화시킨다.

(6) 새로운 트렌드와 기회에 특히 민감한 청년들의 재능을 십분 활용한다.

(7) 창업을 하지 않았더라면 무위도식하며 시간을 보냈을 청년들을 적어도 바쁘게 활동하도록 유도한다. 이는 실업 상태에서 아무 일도 하지 않고 자신이 쓸모없다는 느낌을 받는 것보다 훨씬 바람직하다.

국내의 청년창업지원의 정책효과에 대한 평가의견을 살펴보자. 청년창업 지원사업 성과분석에 관한 중소기업연구원의 2017년「청년창업 지원사업 성과분석 및 역할제고 방안 연구」를 살펴보면 청년창업 지원사업의 증가에도 불구하고 20대 창업은 주로 생계형 창업으로서 5년 생존율이 15.9%로 가장 낮았고, 자금 접근 기회와 외부 조언 네트워크가 부족한 것으로 판단하였다. 다만, 통계분석을 통해서 청년창업 지원은 시장실패를 보완하는 효과뿐만 아니라 고성장 창업을 촉진하는 효과를 기대할 수 있다고 보았다.[51]

한국노동연구원의 2018년 창업지원사업에 관한 심층평가결과를 살펴보자. 창업주 연령대가 30대 이하인 경우, 창업주가 60대 이상일 때 창업한 경우 대비 부정적인 일자리 성과를 보이는 것으로 나타났다. 이러한 결과는 반드시 30대 이하 청년층의 창업 유도에 창업정책의 초점을 맞출 필요가 있는 것인지에 대한 의문을 제기한다. 무조건 대학 졸업 직후 바로 창업 전선에 뛰어드는 게 모든 이들에게 최적이 아닐 가능성이 높고, 현실적으로 본인 스스로 최적 창업 시점이라고 판단될 때 창업하면서 초기 자본 제약을 극복하기 위한 정부의 지원을 받을 수 있는 환경이 필요하다는 것이다. 다만, 재학생 대상 창업지원정책은 자유롭게 자신의 아이디어 구현을 시도해 볼 수 있는 기회를 제공하는 데 초점을 맞추는 것이 더 바람직하다고 보았다. 또한 현행 정부의 창업인턴제 사업에 대해서는 대학학점 부여 등을 통해 긍정적인 영향 극대화를 위한 방안이 필요하다는 의견이다.[52]

청년창업은 기업가정신 함양을 통해서 미래의 구직자들을 창

---

51) 최세경·곽규태, 「청년창업 지원사업 성과분석 및 역할제고 방안 연구」, 중소기업연구원, 2017년 12월.
52) 김세움·김주섭, 「청년층 노동시장정책 심층평가: 창업지원사업」, 한국노동연구원, 2018년 12월.

직자로 탈바꿈시킬 수 있는 정책인가? 괜찮은 일자리를 찾을 수 없어서 어쩔 수 없이 창업에 뛰어든 불가피한 창업 희망자들을 위한 청년실업 구명보트인가? 그 답변은 지금 우리가 만드는 것이다.

창조경제에서 청년창업까지
창조경제혁신센터의 스토리를 보면,
정부정책의 방향이 보인다

대구창조경제혁신센터는 전국 19개 혁신센터 중 2014년 최초로 출범한 센터이며, 삼성전자를 파트너 기업으로 두고 있다. 전국의 혁신센터가 정부주도로 모두 대기업-중소기업 상생협력체계를 구축하였다. 대구창조경제혁신센터가 2014년부터 운영하고 있는 C랩(크리에이티브랩 Creative lab)도 삼성전자가 추진한 프로그램으로, 임직원의 자율적인 아이디어 발굴과 창의적 조직문화 확산을 위해 시작됐다. 이 중에서 글로벌 경쟁력을 인정받는 스타트업은 별도로 독립한다.

대구창조경제혁신센터는 2014년 대구창조경제협의회 출범(3. 17.)을 시작으로, 4월 28일 개소하였으며, 9월 15일 박근혜 대통령이 참석한 가운데 확대 출범식을 가졌다. 2014년 산업통상자원부로부터 전화 한 통을 받고 대구테크노파크에서 창조경제혁신센터의 사업계획 구상을 시작하였지만, 창조경제혁신센터의 독립적인 위상을 확보하기 위해 재단법인 등기(9. 12.)가 별도로 이루어지면서 독립법인으로 확대 출범하게 된 것이다. 창조경제는 박근혜 정부의 국정목표이자 경제 살리기 핵심 시책이었지만, 창조경제, 창조산업에 대한 정의부터 혼란이 있었고, 총론은 있지만 구체적인 각론이 없다는 비판을 받으면서 여러 측면에서 정책이슈가 되었다. 우리나라 정책 전반에 창조경제라는 화두가 영향을 미치지 않은 곳이 없을 정도였다. 이는 노무현 정부의 혁신이라는 화두와 좌·우 대칭의 데칼코마니를 이루며, 비슷한 경험들이 오버랩overlap 되었다. 혁신이든, 창조경제이든 특정 정권의 전유물도 아니지만, 정책적 수단이 정치적 진영논리에 갇혀 있어서는 안 된다.

창조경제에 대한 다양한 정의가 있었고, 많은 전문가들이 저마다의 창조경제 정책을 제시하면서 활동했다. 여러 연구보고서와 서적이 발간되었지만, 필자는 이효수 전 영남대학교 총장의 저서인 『창조경제』를 추천한다. 창조경제를 경제 패러다임 접근을 통해서 규명하고 있기 때문이다. 또한 창조경제를 기반기술, 창의적 인재육성, 창업과 스타트업, 창조산업, 창조계급, 창조도시로 연결하여 창조경제의 숲을 볼 수 있다.[53] 이효수 총장은 2015년 3월 9일 출범한 대구의 포럼 창조도시 초대 대표를 맡았고, 필자

---

53) 이효수, 『창조경제』, 매일경제신문사, 2014. 11. 30.

는 사무국장으로서 함께 활동을 시작하게 된 것도 우연은 아니었다.

대구창조경제혁신센터가 2014년 9월 처음으로 출범한 뒤 2015년 7월까지 17개 센터가 문을 열었고, 빛가람센터(한국전력)와 포항센터(포스코) 등 2개의 자율형 센터까지 전국에 총 19개 센터가 운영되고 있다. 이후 창조경제혁신센터는 2017년 7월 문재인 정부의 정부조직개편에 따라 미래창조과학부(현재 과학기술정보통신부)에서 중소벤처기업부로 이관됐다. 박근혜 정부 당시에는 창조경제혁신센터가 대기업과 상생협력을 통한 창업기업 육성, 중소기업 혁신, 지역특화사업 활성화 등의 역할을 중점적으로 하였다. 이후 문재인 정부에서는 창조경제혁신센터를 지역의 혁신성장을 위한 창업허브로 육성하기 위한 개편이 이루어졌다. 이는 전 정부의 창조경제 정책 흔적 지우기 아니냐는 논란도 있었다.

최근 언론보도에 따르면[54], 향후 윤석열 정부에서는 삼성 청년 소프트웨어 아카데미(SSAFY) 등 성공사례를 벤치마킹한 청년도약 디지털 스쿨을 지역별 창조경제혁신센터에 설치·운영하여 창조경제혁신센터를 청년 취·창업 플랫폼으로 활용할 예정이라고 한다. 2014년부터 돌이켜 보면, 창조경제혁신센터의 역할이 창조경제라는 담론 안에서 시대적 환경변화와 정부의 정책기조에 따라서 선별적으로 그 역할이 집중되고 있는 것으로 판단된다.

---

54) "尹 정부, 창조경제혁신센터에 '삼성式 취업학교' 만든다", 파이낸셜뉴스, 2022. 3. 14.

2015년 9월 7일 디지스트DGIST에서 박근혜 대통령이 참석한 가운데 대구시의 업무보고가 있었다. 권영진 대구시장의 시정 업무보고에 이어서 필자는 대구의 청년일자리 창출방안을 발표하였다. 발표 중에 젊은 창업가들이 몰려오는 동대구벤처밸리를 희망으로 이야기하였다. 그로부터 7년이 다 되어간다. 분명히 변화의 바람은 불고 있지만, 지방의 변화는 느리다. 대구는 무엇이 부족했을까? 복기를 해본다. 지역차원에서는 창업 집적화, 판교밸리와의 차별화 비교우위 전략, 지역 미래산업과의 동반육성 시너지 등에서 전략을 보완할 부분이 분명 있지만, 가장 큰 이유는 수도권 쏠림현상이다. 청년의 삶과 일자리, 국가균형발전의 함수를 풀어야만, 청년과 지역, 국가의 미래가 있다.

친구가 추천하는 청년응원카페

청년들의 꿈을 키우는

생활 속 베이스캠프

커피를 마실 수 있는 곳은 카페 cafe, 커피하우스coffee house, 커피숍coffee shop, 커피전문점 등 다양한 이름으로 불려지고 있지만, 학습과 비즈니스, 그리고 다양한 사람들과의 만남으로 지식과 문화의 교류와 축적이 일어나는 도시의 혁신공간으로서 카페를 주목할 필요가 있다. 이미 가까운 중국과 일본에서는 2010년대부터 카페를 창업공간으로 활용하여 창업도시로의 명성을 쌓아오고 있다.

중국 중관촌에는 외국인 관광객과 현지인 창업자 등이 고루 섞여 독특한 풍경을 자아내는 유명한 카페 거리가 있다. 저마다의 특색을 가지고 있는 처쿠카페, 빙고카페, 3W카페는 3대 명물 카페다. 이 카페는 단순히 커피를 마시는 곳을 넘어, 창업자들이 자신의 꿈을 이야기하고 나누고 펼칠 수 있는 기회를 잡을 수 있는 열린 공간이자 창업자를 위한 거점 역할을 수행하였다. 중국판 애플 샤오미, 세계 1위 PC기업 레노보도 모두 중관촌의 한 카페에서 창업해 성공한 기업들이다.

일본의 후쿠오카는 인구 160만의 지방도시이지만, 외신들은 후쿠오카를 아시아의 창업도시로 지목하고 있다. 2012년 9월 후쿠오카는 스타트업 시티 선언을 한 이후, 여러 창업지원정책을 추진했지만, 공식적인 정책자료에서 간과되었던 성공 비결은 스타트업 카페였다. 스타트업 카페에서는 구체적인 소주제를 가지고, 스타트업을 할 사람과 스타트업을 지원할 사람이 만났기 때문에 참여한 사람들의 효능감이 높았다. 일본의 스타트업 카페는 츠타야 서점에 위탁하여 운영되고 있다. 츠타야 서점은 카페형 서점으로서 라이프스타일을 파는 서점의 미래를 볼 수 있는 곳으로 유명하다.[55]

---

[55] 정성창 (주)에디슨랩 대표, "대구시 창업생태계 고도화를 위한", 대구시청 '아침 생각' 특강자료, 2021. 10. 19.

일본에는 후쿠오카의 스타트업 카페보다 더 민간 주도로 운영되는 시루카페가 있다. 시루는 알다를 뜻하는데, 카페를 통해서 기업과 학생이 서로의 필요를 알게 된다는 의미를 함축하고 있다. 시루카페는 2014년 교토에서 시작한 스타트업 엔리션ENRISSION이 선보였다. 시루카페에서는 대학생이라면 누구나 공짜로 커피를 즐길 수 있다. 단, 커피 주문대에 있는 태블릿 PC에 학교 이름과 이메일, 졸업 예정 연도와 전공 등 간단한 정보를 입력하면 된다. 학생들은 카페에서 과제도 하고, 공부도 하며, 모임도 한다. 시루카페는 마이크로소프트, 아마존, JP모건, BCG 등의 글로벌 기업들, 소프트뱅크, 라쿠텐, 노무라, 니케이 등 일본의 대표기업 등으로부터 연간 스폰서료를 받고 운영하는 카페다. 후원사는 시루카페에 오는 학생들을 대상으로 회사를 홍보하고, 채용설명회나 제품출시 등의 이벤트가 있을 경우 대관할 수 있다. 카페에 방문하는 고객군을 선별하는 대가로 고객들이 마시는 커피값을 기업들에게 청구한다.[56]

일본의 스타트업 카페와 시루카페는 민간 주도로 운영되는 반면, 서울시의 창업카페를 살펴보면 우리나라는 공공주도의 성격이 강함을 알 수 있다. 서울시는 지난 2016년 서울창업카페 숭실대입구역점을 시작으로 2020년 11월 낙성대점까지 11개 지점을 구축하여 운영하고 있으며, 20년 기준 한 해 23억 원 이상 예산이

---

56) 이동진, "커피를 공짜로 팔아도 돈 버는 카페", 브런치, 2016. 12. 21.

소요된다. 서울창업카페는 예비창업자 등에게 공간, 교육 프로그램 및 정보 등을 제공하여 창업의 문턱을 낮추는 역할을 한다.

대구시는 2018년부터 매년 공모를 통해서 민간의 카페를 청년응원카페로 10여 개 이상 지정하여 운영하고 있다. 매년 600여명의 미취업 청년들에게 1인당 10만 원 내외의 커피 쿠폰을 제공하고, 다양한 프로그램을 통해서 청년들의 취·창업 등 사회진입 활동을 지원하고 있다. 청년응원카페는 청년들의 커뮤니티 활동과 네트워킹을 위한 생활 속의 거점공간이다. 2019년에는 162개팀 672명이 참여하였으며, 취·창업 준비(33%), 시험 준비(28%), 대학 취미 동아리(26%), 인적교류(13%) 등의 활동을 하였다. 청년응원카페는 당장 사무실을 마련할 자금이 부족한 청년 예비창업가에게도 좋은 기회가 되었다.

"여러 카페를 전전하며 사업 아이템을 꾸려 나가야 했습니다. 청년응원카페는 저희들에게 든든한 베이스캠프가 됐습니다. 좋은 사람도 많이 만나서 격려를 받았습니다. 저희도 성공하면 다른 이들에게 도움을 주고 싶어요."

팀원들과 카페에 모여 일을 했지만, 카페를 이용하는 빈도가 늘다 보니 비용도 부담되기 시작했는데 매달 카페 이용료를 지급해 주는 것은 물론 취·창업 관련 상담과 컨설팅을 받을 수 있는 좋은 기회가 되었다는 스타트업 대표의 인터뷰다.[57]

---

57) ["대구청년 꿈꾸는대로, 대구시와 영남일보가 응원합니다"] (8), 스타트업 '앳더모먼트' 대표 이호빈 씨, 영남일보, 2020. 12. 16.

카페가 학습과 교류의 공간으로 등장한 시기는 16세기~18세기 유럽으로 거슬러 올라간다. 영국의 런던 등 유럽의 본격적인 사교 공간으로 등장한 커피하우스는 이슬람에 의해 시작했지만, 서구 유럽 사회에서 지식과 이념 등을 자유롭게 나눌 수 있는 변화를 만드는 곳으로 더욱 빛을 발했다.[58]

대구의 청년들이 번역한 『런던 커피하우스』이야기를 읽으면서, 도시의 카페가 청년들의 꿈터가 될 것으로 기대한다. 대구의 카페에서 애플의 스티브 잡스 같은 혁신적인 창업가가 나올 수도 있고, 해리포터를 집필한 조앤 롤링 같은 세계적인 베스트셀러 작가가 나올 수도 있다. 조앤 롤링은 1992년에 이혼하고 에든버러로 돌아와 미혼모로서 매우 힘든 시절, 엘리펀트 하우스라는 작은 카페에서 해리포터를 집필하였다고 하지 않는가. 청년들에게는 생활 속에서 꿈을 키우고 응원받을 수 있는 작은 공간도 특별하고, 소중하다. 대구시의 청년응원카페 한 해 총예산은 1억 원 남짓이다. 민간의 생활 속 카페를 활용하여 가성비와 가심비가 상대적으로 높은 모델이다. 예산 증액도 고려할 수 있지만, 코로나19 이후 진전되지 못했던 민간의 공공기관이나 기업이 참여하는 협업모델을 만들어나간다면, 훨씬 더 파급효과가 클 것으로 기대한다.

---

58) 매튜 그린 지음, 김민지·박지현·윤지영 옮김, 『런던 커피하우스, 그 찬란한 세계』, 경북대학교 출판부, 2016년 5월.

자영업 공화국의 청년

자영업 공화국의 눈물 속에서

청년 외식업 창업의 성공사례를 만들다

2018년 9월 9일, SBS 스페셜 〈자영업 공화국의 눈물〉을 많은 분들이 가슴을 쓸어내리면서 보았을 것이다. 당시 전통시장 청년 상인몰, 청년 외식업 지원정책에 대한 관심이 높았던 시기라 더욱 인상 깊게 보았다.

대한민국의 자영업자 570만 명, 경제협력개발기구(OECD) 기준 대한민국 자영업자의 비중은 약 25%로, 선진국과 비교하면 2~3배나 높다. 창업과 폐업의 악순환이 계속되고 있는 가운데, 은퇴한 베이비붐 세대와 취업에 성공하지 못한 청년층이 마지막 탈출구인 생계형 자영업으로 뛰어들고 있다. 이들에게 있어서 자영업 시장의 진출은 선택이 아니라 생존의 문제라고 지적한다. 간판들이 수시로 바뀌는 것은 더 이상 낯선 풍경이 아니었다. 코로나19 팬데믹 이후 빈 점포가 즐비하고 자영업자는 흘릴 눈물도 없이 생존마저 위협받고 있는 가슴 아픈 현실이다.

2018년 기준 3차 산업의 업태·연령별 창업률-폐업률을 보면, 전 업종에서 30대 미만이 가장 높다. 특히, 음식업종의 창업률-폐업률은 30대 미만은 30.2%p, 40대 6.9%p, 50대 2.2%p, 60대 -1.9%p로 타 연령층에 비해 청년층의 음식업종 창업률이 훨씬 높음을 알 수 있다.[59]

청년 자영업 창업의 난맥상을 가장 극명하게 보여주는 사례가 청년몰 사업이다. 중소벤처기업부는 2016년부터 침체된 전통시장 방문객을 늘리고 청년상인을 육성하기 위해서 전통시장 내에 외식업 창업공간을 조성하는 청년몰 사업을 시행하고 있다. 2021년 3월 기준 전국적으로 38개 청년몰을 조성하여 국비 555억 원을 투자하였고, 국비 50%, 지자체 40%, 청년 자부담 10%를 고려하면, 1,000억 원 이상 비용을 쏟았다. 하지만 최근 중소벤처기업부와 소상공인진흥공단에 따르면, 전체 청년몰 38곳에 최초 입점한 점포 650개 중 38.6%인 251개가 폐업한 상태다. 19개는 휴업 중으로 정상적으로 영업을 이어나가는 곳은 380개로 58.5% 수준이다.[60]

청년들의 외식업 창업 선호도는 대구청년실태조사(2016년)에서도 나타났다. 지역 청년 창업 의향 조사 결과 4명 중 1명은 창업의향이 있으며, 음식점업(40.3%) 및 도소매업(23.6%)이 가장 높았다. 다음으로 기술창업(20.8%), 교육서비스업(6.5%) 순이었다. 대구의 청년 외식업 창업지원 모델인 청년팝업레스토랑은 외식업 창업에 대한 청년들의 높은 선호도, 전통시장 내 청년상인의 애로사항과 청년몰 사업에 대한 한계에서 출발하였다. 2018년 3월 지역 7개 시장 청년상인 37명이 참여한 청년상인과 함께 하는 국밥데

---

59) 김기식 정책위원장, 박선나 연구원, 「2020 대한민국 자영업 보고서」, (재)더미래연구소, 2020년 4월.
60) "청년몰 집단폐업 위기인데… 정부, 구제책 없이 또 신규 개장", 중부일보. 2021. 3. 25.

이 행사는 전통시장 내 청년상인들의 현실과 애로사항을 한 번 더 생생하게 확인할 수 있는 자리가 되었다. 청년팝업레스토랑은 2017년 하반기부터 정책 설계가 이루어져서 중구 종로에 2018년 9월 오픈하였다. 9월 10일부터 창업 오디션을 거쳐 선정된 1기 3개 팀(팀원 14명)이 실전 영업을 시작해 한 달간 전문가 컨설팅과 팀워크를 조율한 후 10월 15일 개소식을 가졌다.

청년팝업레스토랑은 3가지 측면에서 청년몰과 차별화된 모델이었다. 첫째, 창업 이전 단계에서 본인의 적성과 역량을 확인할 수 있도록 함으로써 무분별한 외식업 창업으로 인한 폐업과 부채 발생 등의 문제를 사전에 예방하였다. 둘째, 3개월 실전훈련기간 동안 공간·설비·기자재를 무료로 제공하고 메뉴와 서비스를 테스트할 수 있고 상시 현장 컨설팅 지원을 통해서 창업 시 실패 위험을 줄이고 성공률을 높였다. 셋째, 청년팝업레스토랑을 침체된 전통시장이 아니라 입지가 양호한 골목상권에 설치함으로써 미숙련 청년셰프들도 어느 정도 방문 고객을 확보하여 충분한 실전 훈련이 될 수 있는 여건을 마련하였다.

2년의 운영기간 동안 총 18개 팀 43명이 참여하였고, 2021년 말 기준 11개소 창업이 이루어졌다. 코로나19를 전후하여 2개소가 폐업하였지만, 코로나19 이후에도 1억 원 이상의 연매출을 달성하며, 오히려 성장하고 있는 우수사례가 3곳이다. 성공사례도 중요하지만, 무분별한 창업을 사전에 방지하고, 외식업 취업, 여타 분야로의 진로변경을 할 수 있는 실험의 기회를 다수의 청년들에게 제공한 것도 주목할 부분이다.

2019년 9월

　토요일 점심은 박대현 청년 셰프가 운영하는 모시모시 식당입니다. 부산에서 실패를 겪고, 재도전 경험을 쌓아서 이제는 3명의 직원을 고용하고 있는 오너 셰프가 되었습니다. 오후에는 와룡시장에서 수제 떡갈비를 팔고 있는 이중생 청년을 응원하고 왔습니다. 사범대학을 졸업하고 교사가 되었지만, 본인의 적성에 맞지 않아서 그만두고, 청년 셰프로 새로운 꿈을 시작한 용기 있는 청년입니다. 실패에 좌절하지 않고, 남이 원하는 삶이 아니라 자신의 길을 당당히 찾고 걸어가는 청년들의 실험과 재도전을 응원하는 문화가 우리 사회에 정착되어야 합니다.

2020년 11월

　오후에 달성군에 있는 현풍 백년 도깨비시장 청년몰 청춘 난장에 가서 청년상인들을 만나서 애로사항도 듣고, 조언과 함께 응원하고 왔습니다. 코로나19 상황을 어렵게 견뎌내고 있는 청년도 많지만, 팝업 레스토랑 1기로 수료한 미소 갈비찜의 신상진 청년은 수많은 실험으로 개발한 양념과 좋은 재료를 기본으로 포장판매를 주력으로 해서 오히려 매출이 많이 늘었습니다. 현재 2호점을 구상하고 있다고 하니, 참 기쁘고, 뿌듯합니다!

휴일과 출장길 기회가 될 때, 청년팝업레스토랑을 수료하여 자신만의 길을 가고 있는 오너 셰프 청년들을 찾아가서 만났다. 청년들과의 만남과 대화는 늘 뿌듯하고 좋았지만, 우리나라 자영업 지원정책의 과제들을 무겁게 안고 돌아와야 했다.

청년팝업레스토랑은 코로나19 팬데믹과 인접한 경산시의 청년들의 부엌(2019. 8.)과 대구시 중구의 약령시 복합 청년몰(2020. 10.) 구축, 한국농수산식품유통공사의 청년키움식당 확산추세 등을 고려하여 2020년을 마지막으로 사업을 종료하였다. 청년팝업레스토랑은 청년들의 외식업 등 자영업 창업지원정책의 발전을 위한 정책실험으로서 의의가 크다. 새로운 모델이라 정책 이해관계자들의 지지를 받는 것이 쉽지 않았지만, 많은 발걸음과 언론보도 등을 통해서 사례가 많이 소개되고, 지원모델이 여러 방면으로 확산되었다.

최근에는 대구시 북구 산격종합시장에 있는 신다림길 청년몰에서도 좋은 소식이 들린다. 청년몰에 입점해 있는 코레와카레는 30시간을 담은 건강한 보양식 카레를 포장 및 배달서비스로 연결하여 코로나19 팬데믹 위기를 오히려 기회로 만들었다. 청년들이 외식업 창업에서도 혁신을 만들어나가길 바란다.

패자부활전과 실패자산의 날

실패를 자산으로 만들고,

재도전을 응원하는 도시는 승리한다

전 연령 대비 청년의 창업률과 폐업률이 가장 높다. 매년 20만 명 이상의 청년들이 사업 실패를 경험하고 있다. 2018년 1월 4일 한겨레 신문이 설문조사업체 오픈서베이에 의뢰해 전국 19~34세 남녀 300명에게 실패·패자부활에 대한 인식을 물은 결과를 보면, 우리 사회는 한 번 실패하면 다시 일어서기 어렵다는 주장에 공감하는 응답자가 60%에 달했다. 또 응답자 47.6%는 창업에 부정적이었는데, 그 이유로 절반 이상(54.6%)이 패자부활의 가능성과 창업 지원이 적기 때문이라고 답했다.[61]

정부에서 대한민국을 이끌어갈 혁신적인 청년 CEO 양성을 위하여 2011년부터 시작한 청년창업사관학교는 창업계획 수립부터 사업화까지 창업의 전 과정을 지원하는 우리나라의 대표적인 청년창업 지원정책이다. 현재 서울 등 전국 18곳에 설치되었으며 39세 이하 청년창업가에게 사업자당 사업비의 70%까지 최대 1억 원을 지원하고 있다. 하지만, 청년창업사관학교를 수료한 청년들도 창업 실패로 인한 좌절과 고통으로부터 자유롭지 못한 것

---

[61] "실패담 나눌 '한국의 페일콘' 열자", 한겨레, 2018. 1. 4.

이 현실이다.

한국경제신문의 보도에 의하면, 청년창업사관학교 사업의 지난 10년간 자료를 전수 조사해 분석한 결과, 5년 이상 된 사관학교 1기(2011년)부터 6기(2016년)까지 1,515곳 가운데 1,027곳(67.7%)은 지난해 매출이 0원이었다. 정부로부터 지원금을 받은 후 매출이 전무한 기업도 1,515개 기업 중 383개(25.2%)나 됐다. 1~6기 기업에 지난 6년간 투입된 예산만 1,035억 원에 달한다. 고용상황을 살펴보면, 1~6기 중 5년이 지나도록 단 한 명도 고용하지 않은 업체가 873곳(57.6%)에 달했다.[62]

창업이 위험한 모험일 수밖에 없다. 그런데 문제는 창업 실패가 단순히 한 번의 실패 경험으로 끝나는 것이 아니라 수많은 창업자들이 채무, 국세 체납 등으로 신용불량자로 전락하고, 실패자라는 낙인까지 찍히고 사회적 관계까지 끊어져서 좌절과 고통의 삶으로 이어지고 있기 때문이다.

미국과 중국 기업인들이 평균 2.8회의 실패경험을 가진 반면, 우리나라 기업인들의 실패경험은 평균 1.3회로 실패에 대한 두려움으로 재창업 도전이 저조한 수준이다. 반면 통계청 조사에 따르면 재창업 기업의 5년 생존율은 73.3%로 전체 창업기업 29.2%에 비해 2배 이상 높다는 점에 주목해서 국내 창업기업의 낮은 생존율을 극복하고 실패에 대한 두려움을 극복하기 위한 재창업

---

62) "[단독] 정부 지원 청년창업기업 3곳 중 2곳, 5년 뒤 '매출 0원'", 한국경제, 21. 10. 15.

지원 체계를 강화할 필요가 있다.[63]

우리나라는 2005년에 벤처패자부활제를 통해 최초로 재창업 지원제도를 도입한 이후, 다양한 재기 지원 및 창업 재도전 정책을 도입하여 시행하고 있다. 2015년 당시 중소기업청에서는 고용노동부와 함께 취업을 희망하는 폐업 예정 소상공인을 대상으로 안정적인 폐업과 취업을 지원하는 희망 리턴 패키지 사업을 처음 추진했다. 또한 폐업 이력이 있는 예비 재창업자 또는 재창업 기업을 대상으로 실패원인분석과 재창업을 일괄 지원하는 재도전 성공패키지 지원사업도 시행하고 있다.

중소벤처기업부에서 지난 2021년 5월 28일 발표한 '청년 창업 활성화 방안'에서 전국 17개 창조경제혁신센터에서 매년 1,000명이 참여하는 재도전 응원캠프를 신설하고, 채무부담을 경감하기로 하였다. 또한 재창업자 전용 프로그램으로 재창업자에게 교육·멘토링·사업화 자금 등을 패키지 방식으로 지원하는 청년 다시-드림Dream 프로그램을 신설하고, 1천만 원 이상 민간투자를 유치한 재창업자에게 사업화 자금을 지원하는 TIPS-R(Restart)도 지속적으로 확대해 나가기로 했다.[64]

2022년 1월 21일 제1회 청년 리챌린지Re-Challenge 포럼이 대구창조경제혁신센터에서 열렸다. 한상하 리챌린지 포럼 의장은 10여

63) 「국내외 재창업 지원 정책 비교 및 시사점」, 중소벤처기업연구원, 2021. 12. 29.
64) 「청년창업 활성화 방안」, 관계부처 합동, 2021. 5. 28.

년간 중소기업 재기를 위한 활동을 이어오고 있으며, 2021년 6월에는 경남 함안에 재도전사관학교를 개소하였다. 포럼 부의장인 추현호 ㈜콰타드림랩 대표는 10여 년간 지역에서 소셜벤처로 활동을 해왔다. 추현호 대표는 포럼 창조도시가 주최하는 실패자산의 날을 기획할 때 함께 의견을 나누었던 청년활동가이다. 청년 리챌린지 포럼 이사장을 맡은 박정규 ㈜로보프린트 대표는 20여 년 전 사업실패 후 2010년 건물 외벽 벽화 및 도장 로봇 제작 기업으로 성공한 대표적인 재창업 기업인이다.

한상하 의장은 청년창업 실패율이 높은 이유로 창업 초기에 집중돼 있는 정책자금, 후속 지원과의 연계 부족, 실적 위주의 평가 등 정부 정책에도 문제가 있지만 청년창업자 관점에서도 경험 부족과 준비되지 않은 창업이 문제라고 지적하였다. 청년 재도전 기업인들에게 중요한 것은 현금성 지원보다 실패에 대한 성찰과 반성을 통해 철저한 실패원인을 분석하고 재도전에 필요한 다양한 경험과 역량을 확보하는 것이 우선적으로 필요하며, 그 기간에는 최소한의 생계비 지원도 필요하다고 보았다. 활발한 창업문화를 만들어가기 위해서는 재도전이 원활한 창업생태계 조성이 무엇보다도 중요하다.

미국 미시간주에는 실패박물관이 있다. 정식 명칭은 뉴 프로덕트 웍스New Product Works이다. 창립자인 로버트 맥메스는 1960년대 말부터 취미로 신제품을 모아 1990년에 실패박물관을 만들었다. 처음에는 그저 신제품을 모아놓았을 뿐인데 매년 출시되는 신제품 가운데 80~90퍼센트는 실패하다 보니 이 박물관이 실패 박물관이 된 것이다. 기업 경영인들이 따로 예약을 해서 이곳의 실패한 제품들을 공부하기 위해 올 만큼 명소로 거듭났다. 실리콘밸리의 기업가정신 확산에는 2009년부터 개최되고 있는 실패 공유 콘퍼런스 페일콘FailCon이 촉매제가 되었다. 페일콘은 실패학의 권위자인 로버트 맥메스의 주창으로 결성되었고, 창업가와 투자자 등 스타트업 관계자들이 모여 자신의 실패 경험을 커밍아웃coming out하고 서로 공유하는 자리다. 샌프란시스코에서 시작되어 이제는 프랑스 그르노블, 일본 도쿄, 이스라엘 텔아비브 등 전 세계 10여 개 도시에서도 열린다. 노키아의 몰락 이후 핀란드의 경제회복에는 2010년부터 매년 10월 13일 헬싱키에서 개최되는 실패의 날이 회복력이 되었다. 노키아가 몰락하면서 대량 실직과 경제 위기로 이어지며, 도전과 실패에 대한 두려움이 핀란드에 몰아쳤다. 이때, 한 대학의 창업 동아리에서 실패의 날을 제안했다. "사소한 것부터 서로의 실패 경험을 공개적으로 말하자." 성공 뒤에는 수많은 실패가 있기에, 서로의 실패를 격려하는 실패의 날을 만들었고, 이슈가 된 실패의 날의 의미는 캠페인으로 이어지며 핀란드 전역으로 퍼졌다. 유명한 게임 앵그리버드를 만드는 회사는 수많은 실패를 딛고 52번째 게임으로 전 세계적인 성공을 거두었다.

비즈니스 조직에서도 '실패를 어떻게 바라보는가?'는 비즈니스맨의 성장과 조직의 성과와 운명에도 큰 영향을 미친다. 실패에 대해 관대한 조직문화로 직원들의 도전을 이끌어낸 회사로 일본전산을 꼽을 수 있다. 이 회사는 1973년 네 사람이 세 평짜리 시골 창고에서 시작해, 2009년 계열사 140개에 직원 13만 명을 거느린 매출 8조 원의 기업으로 성장했다. 일본전산의 놀라운 성장의 이면에는 가점주의라는 조직문화가 있다. 흔히 일반적인 조직들은 실패하면 점수를 깎는 감점주의를 지향하다 보니, 구성원들이 실패하지 않기 위해 시도조차 하지 않는다. 하지만 일본전산은 실패는 전혀 문제 삼지 않고, 오직 성공한 일에 점수를 주는 가점주의로 직원들의 사기를 북돋고 있다.[65]

SK하이닉스의 사례도 있다. 한 연구원은 자신이 최근 개발한 10나노급 D램을 신규 공정에 적용하는 과정에서 일부 검증을 거치지 않은 실수를 했다. 결국 불량 제품이 다수 나왔다. 하지만 회사는 오히려 "실패는 더 큰 성공을 약속하는 것"이라며 이 연구원에게 300만 원의 상금과 상패를 줬다. SK하이닉스는 연구개발 과정에서 아이디어는 참신했으나 아깝게 실패한 사례 등을 공모해 상을 주는 '지금 알고 있는 걸 그때도 알았더라면 좋았을 컬' 사례 경진대회를 개최했다. 타이틀 끝에 걸린 컬이라는 단어는 문화(Culture)를 뜻한다.[66]

'포럼 창조도시'에서 2018년 12월 26일 실패 자산의 날을 개최

65) 이명우, 『적의 칼로 싸워라』, 문학동네, 2013년.
66) "[인스파이어] 일을 하다 실패했는데, 회사가 상을 줬다", 헤럴드경제, 2018. 5. 19.

하였다. '포럼 창조도시' 는 도시의 개방성, 다양성, 활동성, 혁신 정체성을 제고시키고자 2015년 3월 9일 대구에서 출범한 도시혁신 플랫폼이다. 실패 자산의 날은 실패 경험을 공유하여 자산으로 만들고 재도전을 응원하는 도시문화를 만들기 위해 기획하였다.

우리나라는 2018년부터 행정안전부와 중소벤처기업부가 공동 주최로 실패 박람회를 개최하고 있다. 다양한 실패 경험에 대한 사회의 인식개선 및 재도전을 응원하는 공공캠페인 성격이다. 지난 2017년 대선공약으로 실패 박물관과 실패 콘퍼런스를 대구시 등에 제안해 왔던 터라 2018년 행정안전부의 실패 박람회 개최 소식은 한편 반가웠다. 하지만 전국단위의 대형 이벤트보다는 실제 삶의 터전인 도시차원에서 시민 가까이 다가가는 방식으로 지속적인 확산의 필요성을 느꼈었다.

지난 4년간 실패 자산의 날을 개최해 오면서, 실패 경험을 공유하고, 격려하고, 실패를 넘어선 도전을 응원하는 것도 의미 있지만, 실패를 분석해서 큰 실패를 예방하고, 작은 실패를 성공의 자양분으로 만들 수 있는 더 많은 실패와 재도전 경험자들이 참여하는 구체화된 활동을 만들고 확산할 필요가 있음을 더욱 절감하게 되었다. 미국과 일본에서는 실패학이라는 학문으로 체계화하기도 했다.

우리 생활에 좋은 변화를 만들기 위해서는 다양한 실험과 실패가 용인되어야 한다. 개인도, 기업도, 사회도 실험실이 내 세상이라는 과거의 닫힌 사고에서 벗어나 세상이 우리의 실험실로 활짝 열려야 한다. 도시를 청년들의 실험실로 내어놓고, 아낌없이 도전을 지원하고, 실패와 재도전을 응원해야 한다.

두 마리 토끼 잡는 청년창업

소셜벤처Social Venture의 청년일자리 창출

잠재력에 투자하다

2020년 말, 1인 가구 여성을 위한 청소업체 연결 서비스를 비즈니스 모델로 하는 청소대교와 친환경 업사이클 제품 생산업체인 할리케이는 임팩트 투자사인 엠와이소셜컴퍼니(MYSC)로부터 투자를 받았다. MYSC가 이번에 투자한 업체는 대구시 청년 소셜벤처 육성사업의 엑셀러레이팅 프로그램 임팩트 스케일업에 참여한 대구시 소셜벤처기업이다.

청소대교(대표 김재현)는 1인 가구 여성을 위한 맞춤 청소 및 생활 케어 플랫폼을 개발 및 운영하는 기업이다. 1인 가구 여성의 경우 청소업체에서 의뢰를 거절하는 경우가 많아 전문 서비스를 받기 힘들다는 점에 착안해 2016년 창업했다. 축적된 청소 데이터를 통해 검증된 청소업체를 연결해 주는 강점을 가졌다. 할리케이(대표 김현정)는 동물성 재료를 사용하지 않은 비건vegan 친환경 업사이클 제품을 개발하여 생산하는 업체로 2018년 창업했다. 오랜 해외생활을 통해서 쌓은 친환경 수제품에 대한 관심이 계기가 되었다. 그냥 폐기될 수 있는 친환경 소재에 세련된 디자인으로 부가가치를 높여서 젊은 여성층을 주로 공략하여 시장을 확대하고 있다.

소셜벤처Social Venture기업은 기존의 벤처기업과 사회적기업의 두 속성을 모두 가지고 있다. 사회적 가치와 경제적 가치 두 마리 토끼를 잡는 일거양득의 효과를 지향한다. 벤처기업은 벤처기업 육성에 관한 특별조치법에 근거하여 사회성보다 경제성을 더 추구한다면, 사회적기업은 사회적기업육성법에 근거하여, 경제성보다 사회성을 더 추구한다.

중기부는 2018년 5월 15일 「소셜벤처 활성화를 통한 일자리 창출 방안」을 발표하고 소셜벤처의 창업, 기술개발, 투자, 보증 등을 본격적으로 지원하고 있다. 그동안 소셜벤처는 혁신적 비즈니스 모델을 통해 사회적 가치를 창출하는 기업으로, 소셜벤처가 청년들을 중심으로 민간에서 자생적으로 출현하여 사회적 기여를 해왔다. 2018년 당시에만 서울에는 성수동을 중심으로 헤이그라운드, 소셜 캠퍼스 온溫 등에 약 250여 개 소셜벤처 기업, 투자·지원 기관이 이미 입주하여 소셜벤처밸리를 형성하고 있었다.[67]

소셜벤처기업에 주목하게 된 것은 지역청년일자리창출의 새로

---

67) 「소셜벤처 활성화를 통한 일자리 창출방안」, 관계부처 합동, 2018. 5. 16.

운 대안이 될 수 있기 때문이다. 청년들이 추구하는 직업관, 직장관 등 라이프스타일과 지향가치도 잘 부합한다. 청년들은 경제적 보상 이외에 자신이 하는 일에 대한 가치와 의미를 추구한다. 또한 지역의 자원을 활용하고, 지역사회문제해결이라는 가치와 연결되어 있어 지역에 착근성이 높을 것으로 기대된다.

소셜벤처에 대한 관심과 정책 추진은 이제 서울 성수동에서 대구·경북을 비롯하여, 비수도권으로 확산되고 있다. 대구, 대전, 부산, 전북이 적극적이다.

대구 청년 소셜벤처 육성사업은 2018년 하반기에 시작했다. 교육, 네트워킹, 사업화 자금, 액셀러레이팅 연계 지원을 통해서 소셜벤처 창업과 스케일업Scale-up을 지원하고 있다. 다양한 소셜벤처 민·관협력사업이 수도권을 중심으로 운영되고 있으나, 기술보증기금의 「2019 소셜벤처 실태조사」 기준, 대구경북의 소셜벤처 비중이 9.1%로 수도권(54.4%)을 제외하고 가장 높았다.[68] 2021년부터는 중기부의 비수도권 소셜벤처 지원 프로그램에 참여했다. 소셜벤처의 스케일업Scale-Up을 위해 수도권의 소셜벤처 혁신 자원들과 연결성을 높여나가고자 한 것이다.

2018년부터 2020년까지 지난 3년간 청년소셜벤처육성사업을 통해서 총 83개사에 사업화자금 등이 지원되었고, 청년 259명의 고용이 창출되는 파급효과가 있었다. 2020년 신규고용 청년에 대

---

68) 「2019년 소셜벤처 실태조사 보고서」, 중소벤처기업부·기술보증기금·한국청년기업가정신재단, 2020년 5월.

한 사후 조사 결과, 53%가 계속 근무하고 있었다. 대부분 초기 스타트업 단계라 고용된 청년이 얼마나 정착하느냐 하는 것은 향후 소셜벤처가 얼마나 성장하고 발전하느냐에 달려 있다.

대구시의 소셜벤처 육성전략은 씨앗 단계(예비창업자 발굴), 새싹 단계(창업지원), 묘목 단계(소셜벤처 성장지원), 숲 단계(소셜벤처 거점 구축)의 단계별 지원정책을 마련하고, 민간자원과의 협업과 교류를 통해서 소셜벤처 생태계를 조성하는 것이다. 궁극적으로는 로컬크리에이터를 비롯한 다양한 청년소셜벤처들이 골목과 동네, 거리를 브랜드로 만들어갈 수 있는 소셜벤처클러스터 조성이 필요하다. 서울 성수동은 민간주도로 가능했지만, 비수도권 지방은 중앙정부와 지자체의 적극적인 지원정책이 먼저 뒷받침되어야 한다.

중소벤처기업부는 2019년 1월부터 사회성, 혁신성장성 등 소셜벤처기업의 요건을 충족하는지 여부를 확인하기 위해 소셜벤처 판별 기준을 마련해 운영하고 있다. 최근 소셜벤처 지원규모가 늘어나고, 소셜벤처 생태계가 점차 확산되면서, 소셜벤처는 2019년 998개, 2020년 1,509개사로 빠르게 증가하였다. 「2020년 소셜벤처 실태조사」에 따르면 소셜벤처는 평균 16.1명을 고용했으며 정규직 비율(89.4%)은 사회적기업보다 높게 나타나는 등 안정적인 일자리를 더 많이 창출했다.[69] 2021년 4월에는 벤처기업 육성에 관한 특별조치법을 개정해 소셜벤처기업의 법적 근거를

---

69) 「2020년 소셜벤처 실태조사결과보고서」, 중소벤처기업부·기술보증기금·한국청년기업가정신재단·NICE평가정보, 2020년 12월.

마련했으며, 7월 21일 본격 시행하였다.

2021년 11월 23일 서울 성수동 소셜벤처밸리 현장을 보고, 임팩트얼라이언스와 과학기술정책연구원(STEPI)에서 주최한 제21차 과학기술+사회혁신 포럼에 참석하였다. 소셜벤처 허브HUB인 헤이그라운드에서 리빙랩과 소셜벤처 육성을 연계하는 뜻깊은 주제였다. 발언 기회로 청년소셜리빙랩을 통해서 청년소셜벤처를 발굴·육성하는 대구시의 정책연계 모델을 소개하였다. 아울러 향후 사회문제 해결형 R&D자금을 확대하여 연구개발자금이 소셜벤처로 직접 투자될 수 있도록 하자고 제안하였다. 생활현장에서 시민, 고객과 함께하는 연구개발과 실험을 통해야만 성공적인 비즈니스 모델을 완성시킬 수 있다.[70]

최근 ESG가 세계적인 화두로 부상했다. ESG는 환경(Environment)·사회(Social)·지배구조(Governance)를 뜻하는 말이다. 기업의 재무적 성과만을 판단하던 전통적 방식과 달리, 장기적 관점에서 기업가치와 지속가능성에 영향을 주는 ESG(환경·사회·지배구조) 등의 비재무적 요소를 충분히 반영해 평가하는 사회책임투자(SRI)가 전 세계적으로 확산되고 있기 때문이다. ESG는 소셜벤처의 성장과 확산에 좋은 기회가 될 것이다. ESG는 소셜벤처기업이 추구하는 가치와 밀접한 연관을 가지기 때문에 ESG를 추구하는 공공기관, 대기업에게 소셜벤처가 좋은 파트너가 될 수 있을 것으로 기대한다.

---

70) "과학기술로 성장하는 소셜벤처… 사회문제해결형 R&D 접목하자", 이로운넷, 2021. 11. 23.

최근 많은 분야에서 전환을 이야기한다. 전환을 이루기 위해서는 관점의 전환에서부터 정책의 전환, 투자의 전환 등이 이어져야 한다. 주주의 이익만을 추구하는 기업이 아니라, 지속가능성 등 사회적 가치까지 추구하는 기업에 투자해야 한다. 소셜벤처와 청년들에게 새로운 기회가 다가올 것으로 믿는다. 아울러 소셜벤처와 청년들이 새로운 미래를 열어갈 것으로 기대한다.

청년자강, 청년이 주역이다

청년이 만드는 청년축제
청년이 직접 기획하고 만드는 청년의 날에,
우리가 함께해야 하는 이유

지자체가 주최하는 청년축제는 서울시와 대구시가 2015년부터 선도적으로 개최하고, 이후 전국적으로 확산되었다. 2015년 서울청년주간(7. 13.~18.), '바람과 함께 살아지다' 는 서울혁신파크를 비롯해 서울 곳곳에서 진행되었다.

2015년 첫 대구청년주간(10. 26.~31.)은 '청년이 가장 행복한 일주일, 청년 대구 하라!' 라는 슬로건으로 대구시가 주최하고, 대구문화재단이 주관하였다. 2015년 5월 출범한 청년위원회를 중심으로 청년 스스로 주체가 되어 대구청년이라는 키워드로 지역청년들과 직접적 소통을 하고, 청년이 떠나는 도시라는 부정적 이미지를 쇄신하고 젊고 역동적인 대구 이미지를 구축하려는 취지로 기획되었다.

청년들이 기획하고 만들고 참여하는 축제인 대구청년주간은 2016년부터는 대구청년센터에서 주관하고 있다. 매년 지역을 대표할 만한 청년활동가가 총감독으로 선발되어 청년주간을 이끌었고, 다양한 청년활동가와 기획자들이 기획단으로 참여하였다. 특히 2018년 청년주간의 주제는 청년들이 꿈꾸는 도시를 작은 공간에서 다양한 활동으로 구현하는 대구청년 팝업pop-up 시티 프로젝트였는데, 몇 가지 측면에서 의미 있는 좋은 변화를 가져왔다.

첫째, 연예인 초청이나 공연 대행사도 없이, 오로지 청년들의 힘으로 청년들이 직접 청년주간을 준비하고 진행하였다. 40개의 청년팀이 중심이 되어서 포럼, 댄스, 게임, 전시, 공연, 상담, 판매, 토크쇼 등 다양한 방식으로 청년의 삶과 청년이 원하는 도시를 표현할 수 있었다. 둘째, 유동인구가 많은 동성로(대구백화점 만남의 광장)를 벗어나 수창동(대구예술발전소, 수창청춘맨션)으로 무대를 옮겼다. 집객과 민원을 고려하면, 무대를 옮기는 것은 큰 부담이 있었다. 하지만 청년들을 관객이 아닌 주역으로 세우고, 청년들이 충분히 교류할 수 있는 청년주간이 되었다. 셋째, 청년들과 시민들이 함께 소통하고 즐기는 축제가 되었다. 이 부분은 처음에 기대하지 못했던 부분이었다. 가족 단위의 시민들이 호기심과 음악소리에 이끌려 산책을 나왔고, 청년들의 삶을 이해하는 소통과 공감의 장으로 이어졌다.

대구청년주간도 코로나19 팬데믹을 피해 갈 수는 없었다. 청년의 날을 기념하고, 공감대 확산과 청년 응원을 위해 대구시는 2020년 대구청년주간, 제1회 청년의 날 행사를 온라인 비대면 위주로 진행했고, 오프라인은 경상감영길 일대 9개의 청년공간에서 분산해 진행했다.

2021년 대구청년주간(9. 8.~9. 12.)은 코로나19의 위기를 오히려 기회로 만들었다. 코로나19로 힘든 청년을 응원하기 위해 '그래서, 지금 우리는' 이라는 슬로건으로 청년들이 겪는 현 상황의 어려움과 한계들에서 각자가 할 수 있는 역할을 찾고 포부를 밝히자는 취지였다.

대구 전역의 청년 팝업존과 청년응원공간(총 75개소)으로 분산 개최하여 코로나19에 적극 대응하고 청년이 기획·운영하는 프로그램(팝업존, 포럼) 확대와 행사기간 연장(3일→5일)을 통해 청년들의 현장 참여기회를 확대하였다. 다양한 청년주체의 참여와 협업을 통해 청년이슈에 대한 사회적 공감대를 형성하였고, 코로나19 상황 속에서 약 4천여 명이 참여하였다.

2022년 8회째를 맞이하고 있는 대구청년주간은 대구시 청년정책과, 대구광역시 청년센터, 대구지역 청년 모임, 동아리, 단체, 기업, 활동가 등이 모두 모여 함께 기획하고 운영하는 대구의 대표 청년축제로 자리매김하고 있다. 대구청년주간은 지역 청년들의 자발적인 참여를 바탕으로 기획 운영함으로써 결과물만큼이나 만들어가는 과정과 청년들의 참여가 중요한 행사로, 다양한 청년들의 목소리를 대변하고 청년세대에 대해 지역사회의 공감대를 형성하는 청년활동의 장場이 되었다. 또한 지역 청년들의 네트워크 형성과 국내의 다양한 청년 네트워크들과의 교류를 통해 대구청년들의 역량을 강화하는 한편, 다채로운 끼와 재능, 에너지를 표출할 수 있는 청년축제의 장場이기도 하다.

'청년을 응원합니다!' 제1회 청년의 날 기념행사가 2020년 9월 19일(토) 오전 10시 청와대 녹지원에서 개최되었고, 유튜브로 생중계되었다. 이 기념식은 2020년 8월 5일 시행된 청년기본법에 따라 첫 정부 공식 기념식으로 개최된 제1회 청년의 날이었다. 제1회 청년의 날은 청년기본법 시행령에 매년 9월 셋째 주 토요일로 지정돼 법정기념일이 됐다. 청년발전 및 청년지원을 도모하고 청년문제에 대한 관심을 높이기 위하여 대통령령으로 청년의 날을 지정한 것으로 청년들의 꿈과 도전을 함께 응원하고 격려하는 날이다. 첫 청년의 날 행사는 대구시를 비롯 전국 8개 광역시·도에서 열렸다.

왜? 우리는 청년의 날에 관심을 가져야 하고, 왜? 대구는 청년주간을 청년만의 축제가 아니라 시민의 생활공간으로 찾아가고 지역사회와 소통의 장으로 연결하려고 하는가?

2020년 9월 16일, 제1회 청년의 날을 기념하여 국무조정실 청년정책추진단이 개최한 2020 청년정책 컨퍼런스에 참여하였다. 마지막 토론으로 청년정책이 사회정책임을 강조드렸다. "청년정책은 청년이 먼저 겪는 우리 모두의 사회문제를 다루고 있습니다." 현재 우리 사회가 직면하고 있는 실업률, 부동산, 1인 가구, 코로나19로 인한 우울증까지 가장 민감하게 직면하고 있는 세대가 청년세대이다. 청년은 지금의 현실 위에 서서 미래를 설계해야 하기 때문이다. 따라서 청년의 현실을 풀어나가는 것이 곧 우리 모두의 미래를 위한 투자이다!

청년영화제와 청년감독
청년이 마주한 현실을 청년이 영화로 만들고,
영화로 이야기해 보면 어떨까?

대구청년주간의 부대행사로 매년 개최되고 있는 대구청년영화제도 점점 주목받고 있다. 2015년 10월에 시작되어, 대구광역시청년센터 주최, 대구청년영화제조직위원회 주관으로 2021년 제7회까지 지속적으로 개최하였으며 주로 청년이 겪는 사회문제를 다룬 작품을 상영하고 있다.

대구청년영화제는 경북대 김영화 교수의 제안으로 '포럼 창조도시'의 소모임으로 처음 추진되었다. 김영화 교수는 2018년 제4회 청년영화제까지 조직위원회 위원장을 맡았다. 2016년 당시 대구시 청년위원회 공동위원장을 맡았던 대구미래여성연합 권영현 대표가 집행위원장으로 이후 참여하였고, 2019년부터 조직위원회 위원장 역할을 맡았다.

대구청년영화제는 주로 오오극장과 CGV대구아카데미를 활용하고 있는데, 오오극장(대표 서성희)은 대구를 기반으로 활동하는 독립영화인들과 시민이 뜻을 모아 2015년 2월 11일 문을 연 대구 첫 독립영화전용관이다.

대구청년영화제 기획모임에 참여하고 있었던 터라 지역 독립영화에 관심이 흘렀다. 8월 15일 아내와 함께 오오극장에서 제16회 대구단편영화제를 보고 왔다. 대구단편영화제가 벌써 16회라니? 총 40편 규모에 일본초청작품도 4편이었다. 당시 포럼 창조도시 사무국장으로서 활동을 시작한 필자에게는 대구의 창조자산을 새롭게 측정해야 하겠다는 생각이 들었다. '모든 지역의 모든 장소는 우주의 중심이 될 수 있다.' 라는 말이 기억난다. 모든 도시는 어떤 틈새 분야에서 창의적인 영향력을 가지고, 어떤 활동에서 중심지가 된다면 주도적으로 세계와 네트워크를 구축하게 될 것이다. 이는 도시의 명성을 높이고, 도시마케팅의 구심점을 찾게 된다.

오오극장으로의 발걸음은 이후 오랜만에 다시 이어졌다. 2018년 5월 1일 노동절, 청년정책과 직원들과 함께 '21세기 청춘 패러독스' 수식어가 붙은 영화 〈수성못〉을 오오극장에서 단체 관람하였다. 공무원들은 모두 근무하는 날이지만, 의미 있는 시간을 보낼 수 없을까? 해서 준비한 저녁 이벤트였다. 영화 상영 후, 관객과의 대화(Guest Visit) 시간이 있었다. 유지영 감독은 대구 출신으로 〈수성못〉이 첫 장편영화였다. 영화는 지방도시 대구를 벗어나고 싶었던 감독의 자전적 이야기를 담고 있다. 자신의 체험에서 우러난 이야기는 깊은 울림을 준다. 이세영 배우는 아르바이트를 하면서 편입준비를 하는 주인공 희정 역을 현실감 있게 잘 연기했다. 두 사람 모두 개인적으로 어려운 청년의 삶의 시간이 있었다고 한다. 이 영화는 대구 감독의, 대구 제작팀에 의한, 대구로 대변되는 지방에서 자란 청년을 위한 영화로 기억될 것이다. "어떻게 살아야 할지 모르겠어요!" 청년의 독백이 오랫동안 마음에 맴돌았다. 직원들과 함께 청년들의 삶의 무게를, 영화를 통해 더 깊이 공감할 수 있는 시간이었다.

2018년 7월에는 부산에서도 영화인이 아닌 일반 청년들이 부산에서 처음으로 청년만을 위한 영화제를 직접 만들었다. 청년들이 영화를 통해 자신의 삶과 고민을 이야기하는 자리를 만들어보자는 취지로 기획됐고, 부산문화재단 청년문화활성화사업 공모로 지원받았다.

2019년 10월 CGV대구아카데미에서 개최된 제5회 대구청년영화제(10. 25.~27.) 개막작은 평범한 공무원 시험 준비생이 대구 북성로 일대에서 겪는 사건을 다룬 코믹 액션 단편 영화 〈북성로 히어로〉다. 대구의 영화제작사 이든 홀딩스(대표 손현석)가 제작한 영화로 배우 한상진이 감독으로 변신해 연출과 연기를 맡았다. 대구청년영화제의 예산이 넉넉하지 않았던 터라 권영현 조직위원장은 지역기업 등으로부터 후원을 받는 등 적극적으로 대구청년영화제에 대한 지역 내·외의 관심을 이끌어내는 데 노력했다.

2021년 10월 29일 개최된 제7회 대구청년영화제 개막작으로는 대구의 청년감독이 메가폰을 잡은 〈나랑 아니면〉이 상영되었다. 청소 일을 하고 있는 노부부가 코로나19가 심각해지면서 겪는 일상의 이야기다. 대구의 청년감독이 코로나19 팬데믹의 쇼크를 차분하게 사회적 연대로 극복한 대구시민의 일상을 다룬 영화라 놓치지 않고 보았고, 관객과의 대화(Guest Visit) 시간에 박재현 감독에게 고마움을 표현했다. 〈나랑 아니면〉은 대구다양성영화제작지원사업과 코로나 피해를 입은 예술인들을 지원하는 달서문화재단의 '예술인人 희망인(in) 달서 시네마 프로젝트'에 선정돼 500만 원의 제작비를 지원받았다.[71]

청년영화제 개막식에는 국민의당 안철수 대표와 최현숙 국회의원, 국민의힘 김승수 국회의원과 홍석준 국회의원 등 지역 내·외 인사들이 내빈으로 참석했다. 2020년 대선을 앞두고 청년에 관한 정치인의 관심이 그대로 표출된 장소였다.

2019년 대구영상미디어센터가 운영하는 대구영화학교가 문을 열면서 매년 12명의 교육생을 받고 있고, 영화 전문인력의 꾸준한 배출이 이뤄지고 있다. 박재현 감독도 대구영화학교 수료생이다. 단편영화를 한 편 찍으려면 최소한 10여 명이 함께 해야 하는 작업이라 자본이 많이 들기 때문에 대구에서는 그마저도 확보하기 어려운 처지이지만, 영화인들의 꾸준한 활동이 이어져 오고,

---

71) "대구 독립영화 '희수', '나랑 아니면' … 제22회 전주국제영화제 경쟁부문 진출", 대구일보, 2021. 3. 29.

대구지역 영화 전문인력 양성 기반도 개선이 되면서 영화를 하겠다는 청년이 매년 늘어나고 있는 긍정적인 변화를 확인할 수 있었다.

청년이 만드는 청년공간
골목과 동네로 연결되고 확장되는
사회적 관계망이자 살아있는 도시의 장소

　　　　　　　　　　대구청년센터는 민들레빌딩(구.
민들레영토)에 3개 층을 사용하여 2016년 7월 20일 둥지를 틀었다. 유동인구가 가장 많은 도시철도 1·2호선 반월당역과 중앙로역 인근에 위치한 곳이다. 임대료가 높음에도 불구하고, 대구의 다운타운downtown에 입지를 정한 것은 청년들의 접근성을 최우선으로 고려하였기 때문이다.

　대구청년센터 개소 이전에 청년들 스스로 청년공간 조성방안을 기획하는 모임이 있었다. '포럼 창조도시'의 소셜다이닝과 포커스그룹으로 이어진 대구청년공간 조성방안이다. 2015년 대구시 제1기 청년위원회로 활동하였던 재능나눔콘서트협동조합 최윤진 이사장이 중심이 되어, 전국청년네트워크를 활용하여 토론과 기획이 진행되었다. 청년들에게 공간은 어떤 의미일까? 청년들은 물리적인 공간(Space)이 아니라 사회적 관계망으로 연결되는 장소(Place)로서의 청년공간을 갈망하고 있었다. 달리 비유로 표현하면 주택(House)이 아니라 집(Home)을 원하는 것이다. 청년들의 요구(Demand)이면에 필요(Needs)와 욕구(desire)를 보아야 한다.

　"대구시에서 청년공간을 대규모 단지로 조성하면 좋겠다." 개소식 행사장에서 만난 한 지인의 의견이다. 하지만 나의 생각은 달랐다. 공급자 중심의 대규모 공간 조성이 아니라, 수요자 중심으로 다양한 공간을 조성하고 연결해서 생활 속의 청년공간을 만들어야 한다. 대구시의 청년공간정책은 도심에 위치한 청년센터(활동그래)를 중심으로 해서 청년들의 생활 접근성을 높인 네트워크형 청년공간으로 3가지 유형이 있다. 첫째는 청년문화거리 거점형이다. 구·군 생활권역별로 젊은이들이 모이는 거리에 거점공간을 조성하는 것이다. 경북대 서문에 구축된 청년공감 청년공간인 '다온나그래' 가 대표적이다. 향후 도시재생사업 등과 연계해 유휴공간을 리모델링해서 청년문화특화거리 조성을 목표로 커뮤니티 거점공간을 조성한다. 도심의 '창의공간 온' 과 '무영당' 이 협업사례이다. 둘째는 청년자율활동 연결형이다. 청년들이 직접 운영하는 소공간을 청년들에게 소개하고, 활동을 연결하는 '다모디소所' 다. 현재 독립서점, 카페, 전시공간 등 21곳의 다양한 공간이 '다모디소所' 로 지정되어 청년을 위한 커뮤니티 공간으로 활용되고 있다. 2021년부터는 공간지원+모임지원을 하는 '동친쌀롱' 을 새롭게 시작하였다. 슬리퍼를 끌고 만나는 동네친구, 청년생활권 만들기 프로젝트이다. 셋째는 청년일상생활 밀착

형이다. 카페를 매개로 대학생·취준생들의 스터디와 취업준비 활동을 위한 공간을 커피쿠폰과 함께 제공하는 청년응원카페가 대표적이다. 그동안 20여 개의 카페가 참여하였고, 다양한 프로그램을 연계하여 지역의 선배, 기업 등 사회관계망을 확장시켜준다. 그중에서 '모두의카페 다다름'(대표 오택진)은 경북대 북문에서 청년들의 취업 멘토링 봉사를 오랫동안 해오고 있는 스터디카페로 2022년에는 취업에 성공한 졸업생 청년들과 함께 소액의 따뜻한 장학금 지원도 시작하였다.

청년센터 개소 이후에도 청년공간 조성방안에 대한 고민은 계속 이어졌다. 지역 내·외 전문가를 초청하여 청년과 시민주도의 공간조성 추진사례를 살펴보았지만, 청년들의 직접적인 참여를 통해서 생각과 필요를 담아내는 것이 무엇보다 중요했다. KT&G와 협업의 기회를 잡았다. 2017년 KT&G 상상마케팅 스쿨에 참여하는 청년 100여 명을 11월 2일 만났다. 대학생 10개 팀이 6주간 과정을 통해서 청년들이 원하는 꿈터, 놀이터, 배움터인 청년공간 조성에 관한 아이디어도 함께 만들었다. 좋은 결과물로 수상한 팀은 이후 '다온나그래' 공간기획에 참여하였다.

청년공간은 단절된 물리적 공간이 아니라 골목과 거리, 동네와 생활권으로 연결되고 확장되는 사회적 관계망이자 살아있는 도시의 장소이다. 2018년 3월 9일 청년과 골목경제를 주제로 청년희망 공감토크를 가졌다. 『골목길 자본론』의 저자인 연세대 모종린 교수의 기조발제를 시작으로 지역에서 골목을 지키고, 거리문화를 만들어 온 권상구 시간과 공간 연구소 이사 등 지역전문가를 비롯해서 청년, 시민들이 함께하였다. 자동차 중심의 대로에서 보행자 중심의 골목길로 라이프스타일 중심이 바뀌고 있다. 시간·공간·사람이 교차하는 지점에서 만남과 기회가 발생하고, 이는 새로운 실험과 도전으로 이어진다. 청년이 우리 도시, 우리 사회, 우리 골목길을 재해석(청년들은 해킹이라고 표현하였다)하고, 재구성하면 새로운 창조적 변화가 만들어질 것이다. 청년들은 더 이상 노잼 도시에 머물지 않는다. 카페, 맛집, 서점, 스튜디오 등 청년들이 운영하는 특색 있는 공간, 로컬 크리에이터 등 소셜벤처 활동들이 골목으로 연결될 때, 골목경제권도 청년들의 활동도 더욱 활기를 띠게 될 것이다.

대구는 청년공감 청년공간인 다온나그래를 조성하고, 2019년 3월 21일부터 시범운영을 시작해 4월 30일 정식 오픈을 기념하는 파티를 개최했다. 다온나그래는 청년문화거리 거점형 공간의 대표적 사례이다. 경북대학교 서문 인근은 청년들의 감수성에 부합되는 골목문화가 일부 형성되어 있었고, 비교적 임대료가 저렴하여 다수의 청년단체들이 모여들고 있었다.

다온나그래는 2018년 상반기부터 청년공간에 관심이 많은 대구청년들을 중심으로 청년공감 청년공간 기획단을 구성하여 수요자인 청년 주도로 조성한 청년공간이다. 청년공간기획단이 6개월 동안 17회가 넘는 회의를 통해서 청년공간의 필요성과 청년공간에 대한 공감에서 시작해 위치 선정, 공간 기획, 공간의 방향성 도출, 공간설계 등 전 과정에 주도적으로 참여했으며, 그 결과 청년공감 청년공간이 만들어졌다.

다온나그래는 누구나 즐길 수 있는 공간, 누구나 편하게 쉴 수 있는 공간, 누구나 억압으로부터 벗어날 수 있는 공간, 누구나 나를 발견할 수 있는 공간이라는 4가지 방향성을 가진 청년의 공간으로 생활권역별 청년공간 1호점이다. 현재 동구 청년센터 the 꿈(19. 7. 10.), 수성구 청년센터(21. 9. 2.)를 시작으로 구·군별 청년센터 구축을 통한 청년공간 조성이 추진되면서 실질적인 생활권역별 청년공간 조성이 시작되고 있다. 이와 병행하여 도시재생과와 협업을 통해 도시재생사업으로 확보된 예산과 유휴공간을 활용한 다온나그래 조성도 추진되고 있다. 2022년에는 대구시 인구정책팀과 협업을 통해서 서구와 남구의 지방소멸대응정책으로서 다온나그래 조성을 추가로 검토하고 있다.

청년들이 원하는 공간은 청년들의 쉼터, 배움터이며, 때론 일터이자 놀이터이다. 청년들이 기대하는 청년공간은 사회적으로 다양한 사람들과 관계 맺는 소통의 공간이며, 골목과 거리, 도시로 이어지는 연결의 공간이다. 정부예산으로 만드는 청년공간은 소통과 연결을 위한 교두보이자, 지역 플랫폼 역할을 해야 한다. 궁극적으로는 민간의 다양한 생활 속의 공간과 연결되어야 한다. 청년들의 호기심과 에너지를 커뮤니티로 모으고, 커뮤니티 활동이 청년들의 삶의 활력으로, 다시 도시의 역동성으로 이어지는 선순환을 만들어야 한다.

청년부채와 자조 금융

악성부채로 인한 사회적 고립과 위기를 막기 위해
청년이 먼저 행동하다

2021년 2/4분기 청년층 가계부채 증가율은 전년 동기 대비 12.8%로 여타 연령층의 증가율(7.8%)을 크게 상회하였다. 청년층 가계부채의 첫 번째 증가 요인은 주거 등 자산 관련이다.

2021년 9월 한국은행의 「금융안정 상황 보고서」 등에 따르면, 청년층은 전·월세 거주 비중이 높아 전세자금 대출이 2/4분기 기준 전년동기 대비 21.2%로 여전히 높은 증가율을 지속하고 있으며, 최근 신용대출의 증가세도 확대되고 있다. 청년층 신용대출 증가율은 2020년 이후 여타 대출보다 급격히 상승하여 2021년 2/4분기는 전년 동기 대비 20.1% 증가하였다. 이는 청년층이 신용대출을 주식투자, 가상화폐에 활용하였을 가능성이 많기 때문이다.[72]

☞ 주요 증권사의 2020년 신규계좌(723만 개) 중 20~30대가 54%(392만 개)

☞ 국내 최대 가상화폐 거래소 빗썸, 21년 1월 기준, 전체 투자자

---

72) 「금융안정 상황 보고서」, 한국은행, 2021년 9월.

중 20대 32.9%, 30대 29.1%

청년층 가계부채의 두 번째 증가 요인은 일자리 등 생계 관련 이다. 2021년 5월 하나금융경영연구소의 「코로나 이후 청년층 부채 현황과 시사점」 등에 따르면, 코로나19 이후 청년 구직자의 구직기간 연기, 청년노동자의 무급휴직, 해고 등으로 고용상황이 급격히 악화되면서 소득이 급감하였기 때문이다.[73]

대구지역의 청년부채 문제는 청년들의 목소리로 부각되었고, 청년들의 자조운동으로 발전하고 있다. 그 첫걸음은 대구지역 청년부채를 해결하기 위한 모임인 대구청년빚쟁이네트워크가 2018년 2월 9일 출범하면서 시작되었다. 청년부채 당사자들이 스스로 청년부채 문제 해결을 도모하기 위하여 부채로 고통받는 대구지역 청년 채무자들의 목소리를 듣고, 지역사회에 청년부채 악성화와 심각성을 알리기 위한 취지였다. 행사 전반에 걸쳐 빚 이라는 다소 무거운 주제를 유쾌하게 풀어냈다.

청년부채에 대한 이러한 문제 인식과 사회적 연대가 이루어진 과정에는 2017년 대구청년센터에서 시행한 청년희망 솔루션 디자인이 있었다. 청년들이 현실에서 겪는 구체적 문제를 '더 가까이! 더 구체적으로!' 문제를 해결하기 위해 탐색·토론·연구하는 개방형 솔루션 디자인 그룹을 5개 선정하여 500만 원 이하로 운

---

73) 「코로나 이후 청년층 부채현황과 시사점」, 하나금융경영연구소, 2021년 5월.

영비를 지원하는 사업으로서 2017년 하반기에 시행되었다.

청년부채에 관한 솔루션 디자인 과제는 청년 채무자들의 삶의 문제 해결을 위한 정책제안(제안자: 이태욱)이었다. 대구청년유니온의 주관으로 처음으로 지역 청년 400명을 대상으로 조사한 2017 대구 청년 부채 실태조사 결과가 나왔다. 악성 부채에 시달리는 청년들을 보호하기 위한 청년 자조 금고, 청년들의 금융·부채 등을 교육하고 상담하는 청년금융복지상담센터 설립 등이 제안되었다.

2018년 11월 28일 대구시 중구 혁신공간 바람 상상홀에서 대구청년빚쟁이네트워크가 대구청년연대은행 '디딤: 디디고 일어설 수 있는 곳' 설립을 선포했다. 대구청년연대은행은 청년 스스로 금융 문제를 해결하기 위한 청년 단체다. 청년 당사자들이 직접 청년을 위한 대안적 금융안전망을 만드는 첫 걸음이다.

대구청년연대은행 디딤은 무신용·자율이자·관계금융 원칙이다. 조합원을 대상으로 하는 디딤 대출은 최대 50만 원이다. 담보는 협동과 관계이며, 이자는 돈, 재능기부, 노동 등 자율이자로 내면 된다. 작은 실험이지만, 청년 금융 안전망을 위한 청년들 스스로의 자강 노력이며, 청년금융과 부채문제 해결을 위한 정책적인 관심을 촉진하는 계기가 되었다.

이러한 청년들의 목소리와 자조노력이 계기가 되어, 2019년 대구형 청년보장제로 시작한 대구시 청년상담소에서는 대구청년연대은행과 연계하여 부채상담코너를 함께 운영하였다. 운영 첫

해인 2019년에는 심리, 진로, 취업, 창업, 노동, 과의존, 기초, 청년정책, 부채, 주거, 법률의 11개 분야로 운영되었고, 총 900건의 상담건수 중에서 부채상담은 44건이었다.

대구시와 대구청년센터는 지역사회와의 연대도 추진하였다. 2021년 4월 대구시 청년상담소는 DGB대구은행과 함께 청년들에게 금융 강의와 개인별 금융 상담을 제공하는 청년금융교실(개미는 뚠뚠, 내 통장 뚱뚱)을 운영하였다.

2022년부터는 코로나19 장기화로 부채가 많아진 청년들의 경제적 어려움 해소를 위해 금융교육 및 부채상담 사업인 대구 청년지갑 특공대를 시행한다. 최근 청년들의 관심분야인 코인, 주식, 부동산, 리셀, NFT 등에 대한 올바른 투자법 강의도 예정되어 있다.

청년금융교육 및 부채해결을 위한 타 지자체의 청년정책은 광주시와 서울시가 대표적이다. 광주시에서는 광주청년드림은행으로 2018년부터 시행하고 있다. 돈과 빚 문제 해결을 위한 1:1 재무상, 월 1회 경제교육 및 소모임 프로그램 진행, 연체예방과 신용회복을 위한 지원으로 관련 기관과 연계하여 1인당 80만 원 신용회복 비용 분할 지원을 한다. 최근 서울시에서도 2021년 11월 재테크 교육과 재무상담(온라인·오프라인 진행)을 진행하는 서울 영테크 지원사업을 본격적으로 시행하고 있다.

청년들의 원활한 사회진입과 정착을 위해서는 금융의 역할이 매우 크다. 금융에 관한 그릇된 인식과 잘못된 습관은 돌이킬 수

없는 사회적 낙오자를 양산할 수 있다. 따라서 금융교육은 초·중
등 청소년기에서부터 조기에 이루어져야 하며, 이는 공교육의 영
역에서뿐만 아니라, 금융권 등 지역사회가 함께 준비하고 참여해
야 한다. 정부와 지자체의 향후 과제는 악성부채로 인해 사회적
으로 고립되고 위기상황으로 치닫는 청년들이 없도록 실태를 파
악하고 사회안전망을 강화하는 것이다.

청년, 도시를 읽고 걷다

청년들의 시각으로 도시를 재해석하고,

청년들의 언어로 도시를 알린다

2019년 3월 6일, 대학 학부과정
에 전국 최초로 개설된 지역학 융복합 교양강좌 대구경북학의 첫
강의가 시작되었다. 필자는 계명대학교 김영철 교수와 함께 계명
대 학생을 대상으로 대구경북학 첫 수업을 진행했다. 김 교수는
강의에서 "지역발전의 혁신주체로서 그동안 역할이 미흡했던 지
역대학들이 반성의 하나로 대구경북학 강좌를 개설하게 됐다."
라고 설명했다. 대구경북학 강좌는 대구경북학회의 주관으로
2019년 1학기에 계명대·경북대에 각각 70명 정원으로 개설된 데
이어 2학기에는 대구대·영남대에서도 강좌를 시작했다. 계명
대·경북대의 수강신청 땐 정원 70명을 순식간에 채울 만큼 학생

들의 관심이 높았다.

지역에 대한 일반적인 지식은 초·중등교육과정 중 사회과 교과목에서 다루고 있지만, 대학 학부 교양강좌로 지역학을 개설하는 경우는 극히 드물다. 현재 우리나라는 초등학교 4학년 사회과 교육과정에 지역에 대한 이해 부분이 들어 있다. 서울학, 부산학, 인천학, 제주학 등 일부 지역의 연구기관을 중심으로 해당 지역학에 대한 관심이 고조되고 있지만 아직까지 대학 내 학부과정에서 교양과목으로 지역학을 개설한 사례는 대구 외에는 없었다. 대구가 선도적으로 지역대학에 융복합 강좌인 대구경북학을 개설한 것이다.[74]

"사람, 장소, 함께한 시간에 대한 기억이 없는 도시는 그냥 도시일 뿐입니다. 청년들에게도 도시가 나의 도시가 되고, 지역이 우리 공동체로 느껴질 때, 이곳에서 일과 놀이를 찾고, 꿈을 심고, 지역에서 삶을 뿌리내리게 됩니다. 청년들이 도시를 걷고, 지역의 역사, 문화, 공간을 탐구할 수 있는 기회를 많이 제공해야 합니다. 그들의 시각으로 도시를 재해석하고, 그들의 언어로 콘텐츠를 만들어서 확산하면, 젊은이들은 그 도시에 끌리게 됩니다."

2020년 12월 19일 대구시청년센터 2층 상상홀에서 개최된 대

---

[74] "교수·전문가 30명 릴레이 강좌… 대구경북 '열린 인재' 키운다", 영남일보, 2019. 3. 11.

구시가 주최하고 〈사〉문화관광콘텐츠그룹(대표 박승희 영남대 교수)에서 주관한 '청년대구학교, 톡톡'의 콘텐츠 기획 공유회에 참석했다. 이날 공유회에서는 지역 청년들 3~5명이 조를 이뤄 그동안 노력해 개발한 대구 콘텐츠를 함께 공유하는 자리다.

'청년대구학교, 톡톡'은 대구의 청년문화, 대구의 4차 산업혁명, 대구의 여행문화 관련 강좌와 현장 답사를 통해 대구 콘텐츠를 기획하고 개발하는 프로그램이다. 지역의 청년들이 대구를 만나고 대구를 배워서 대구를 읽고 이해할 수 있는 능력, 즉, 대구에 대한 도시 리터러시literacy 역량을 먼저 높여주는 것이다. 나아가 대구에 대한 이해를 바탕으로 대구에 관한 콘텐츠를 기획하도록 함으로써 청년들이 대구를 새롭게 발견하고, 재창조할 수 있도록 하였다. 이로 인해 청년들은 대구를 나의 도시, 우리 공동체로 느끼고, 지역사회의 주체로 성장할 수 있을 것이다.

2017년 12월 19일 청년하루학교로 청년X지역학 강좌를 시범 운영한 지 꼭 2년 만이다. "하루라도 한번 시작해 보는 것이 좋겠습니다." 영남대 박승희 교수와 함께 점을 찍었던 것이, 우연히도 같은 날에 같은 장소다. 지난 3년간, 작은 점은 2018년 대구청년 도시탐사대, 2019년 청년상화학교(청년대구학교, 톡톡)의 선으로 이어졌다. 청년하루학교를 개최한 직후 한 지역 일간지의 사설이다.[75]

---

75) "[사설] 대구·경북학 대중화로 지역발전 동력 키우자", 영남일보, 2017. 12. 21.

"지금까지 지역학 연구는 일부 교수나 지식인 중심의 학술적 진단과 분석이 거의 전부였다. 그래서 19일 열린 대구시청년센터의 지역학 강좌가 더 새삼스럽고 느껍다. 우린 국가사(史) 위주의 역사 교육으로 인해 지역에 대한 학습 기회를 사실상 박탈당했다. 지역학 활성화를 통해 대구를 알아가야 한다는 지적이 공명(共鳴)을 울리는 이유다."

대구청년 도시탐사대는 (사)시간과공간연구소와 홀라HOOLA가 2018년 처음으로 시작했다. 청년들이 직접 우리 도시의 골목과 거리, 장소를 다니면서 청년의 관점에서 도시공간과 라이프스타일을 재해석하고 실험적인 콘텐츠를 만들어 보는 것이다. "도시는 어린아이가 걸어 다니며 그의 생애에 하고 싶은 것을 말해주는 어떤 것을 찾아낼 수 있는 장소이다."라는 어느 도시학자의 말이 떠오른다. 청년들이 지역에서 도시 곳곳을 탐험하고, 도시를 이해하는 것이 단지 학습의 영역에만 머무는 것이 아니라, 꿈을 찾고, 업業을 찾는 길이 될 수 있음을 이야기한다.

이러한 실천적인 지역학에 대한 교육실험과 청년의 지역정체성에 관한 정책실험은 대구경북학회 등 지역 지식인들의 오랜 염원과 노력으로 준비된 씨앗 덕분이다. 이러한 실험들은 점, 선, 면의 파급효과로 이어져서 2019년 대구경북 지역대학의 대구경북학 교양과목 개설이라는 가시적인 변화를 가져왔다. 2020년 이후 대구경북지역학 교양강좌 운영사업은 대구경북연구원이 주관하여 추진 중이며, 이를 통해 2020년 한 해 동안 대구경북지역 10개 대학의 약 1,300여 명의 재학생이 지역학 교육을 이수하고 학점을 취득하였다. 교양강좌의 내용은 지역의 정체성, 공간환경, 역사, 인물, 문화예술, 문화산업과 경제 등 전 분야를 망라하고 있다.

2022년부터 청년대구학교는 대구평생학습진흥원이 주관하여 대구청년 도시탐사대(2018년), 청년상화학교(청년대구학교 톡톡, 2019년)의 모델을 통합하여 발전시켜 나가고 있다. 청년들이 만든 콘텐츠는 대구를 새롭게 다시 알리는 도시마케팅과 출향청년들을 대구로 다시 초대하는 청년귀환 프로젝트에도 활용할 예정이다. 또 수익성이 있는 모델은 청년들의 로컬 크리에이터 창업으로 이어질 것으로 기대한다.

청년들의 슬기로운 생활실험실
청년소셜리빙랩으로 청년들의 입직과
사회참여 역량을 키운다

청년들이 생활 속에서 사회문제를 해결하기 위한 다양한 실험을 하고 있다. 소셜이펙트팀은 빈집을 청년 복합공간인 거리의 중개소로 용도 전환하여 문화교류, 팝업 스토어, 청년 진로 프로그램 등을 진행했다. 토담토담팀은 우울감에 빠진 청년들을 위해 농업체험 및 대화로 치유농업공동체 프로그램을 운영했다. 부루팀은 재활용이 되고 있지 않은 플라스틱을 원료로, 실생활에 다시 사용될 수 있는 텀블러로 상품화하는 플라스틱 방위대라는 프로젝트로 크라우드 펀딩을 추진한다. 2021년 8월 31일 개최된 2021 대구X청년 소셜리빙랩Social Living Lab 최종공유회에서 주목받은 청년들의 생활실험실이다.

리빙랩Living Lab은 우리나라에서는 생활실험실, 살아있는 실험실 등으로 불려진다. 사용자(고객, 소비자, 시민) 주도의 개방형 혁신을 가능하게 하는 연구방법이다. 리빙랩의 원형은 2004년 미국 MIT 대학 연구자인 W. 미첼William Mitchell의 Place lab 실험(실제 공동주택에서 생활 관찰 실험 진행)으로 알려져 있다. 리빙랩은 이후 사회문제를 해결하기 위한 사용자 참여형 연구방법으로서 유럽에서 발전되었다. 실제 생활현장(real life setting) 속에서 사용자의 참여가 근간을 이루고, 공급자와 사용자가 공동으로 혁신을 창조하는 실험실 혹은 테스트베드test bed 개념이다. 여기서 각 주체 간 상호작용을 통한 참여와 협력이 가장 중요한 실험 요소로 여겨진다.[76)]

리빙랩을 처음 알게 된 것은 2013년 창조경제에 관한 연구를 시작하면서부터다. 당시 미래창조과학부 산하의 한국연구재단 연구용역인 창조경제 실현을 위한 지역거점 조성방안 연구(13. 10.~14. 3.)를 수행하면서 리빙랩 모델을 제안하게 되었다. 우리나

---

76) 「사례에서 배우는 지역문제 해결 리빙랩 가이드북」, 행정안전부

라에서 리빙랩을 정책적으로 가장 먼저 고찰한 연구자는 한국과학기술정책연구원(STEPI)의 송위진 박사다. 우리나라에서는 지난 5~6년 사이 과학기술정보통신부, 국토교통부, 행정안전부 등이 주축이 되어 정부, 지자체, 연구기관, 민간기업, 시민섹터 등을 중심으로 다수의 리빙랩들이 시도되었고, 최근 확산되고 있다. 2017년 3월 STEPI의 송위진 박사와 성지은 박사의 주도로 한국 리빙랩 네트워크(KNoLL: Korean Network of Living Labs)가 발족하였으며, 광주·대구·부산·전북·경남·대전 등 지역별 및 대학·스마티시티 등 영역별 리빙랩 네트워크도 발족했다.[77]

2016년 1월에 열린 다보스포럼에서 4차 산업혁명이 화두로 등장한 이후, 수많은 전문가들이 각자의 이해와 언어로 4차 산업혁명을 이야기했다. 4차 산업혁명에 대한 정의는 전문가의 수만큼이나 많았다. 하지만 4차 산업혁명으로 미래 사회에 필요한 핵심 능력은 모두 소통과 협업을 공통적으로 꼽았다. 2017년 5월 청년정책을 추진하면서, 청년들이 소통과 협업으로 문제해결역량을 키우는 동시에 사회에 대한 관심을 높이고, 사회참여역량을 높일 수 있는 정책을 발전시켜야 한다는 확신이 들었다. 이를 위한 모델로서 청년소셜리빙랩을 고안하고, 2017년 추가경정 예산을 편성하여 시범사업을 시행하였다.

2017년부터 사업 주관기관이 (사)커뮤니티와경제 사회적경제

---

77) 성지은 과학기술정책연구원 선임연구위원, "한국 리빙랩 운동의 현황과 전망", 이로운넷, 2021. 3. 10.

지원센터, (재)대구테크노파크, (재)대구경북연구원 창의도시재생지원센터로 변경되면서 청년소셜리빙랩이 사회적 경제, 기술혁신, 도시재생 분야로 확산·적용되는 계기가 되었다. 리빙랩이 생소하던 시기에 세부 운영 프로그램 기획과 청년교육에 당시 (사)커뮤니티와경제의 김원한 팀장과 (재)대구테크노파크의 김희대 박사의 역할이 컸다.

대구시는 2018년 3월 제1회 대한민국 지방정부 일자리 정책 박람회에서 청년소셜리빙랩, 고용친화 대표기업 등의 대표사례로 대구시 일자리 정책의 우수성을 높이 평가받아 대통령 표창(대상)을 수상했다. 지금 당장의 일자리 창출 실적보다는 사회적 난제가 된 청년실업 문제를 해결하는 새로운 접근을 높이 평가해 준 것으로 이해된다. 2017년부터 2020년까지 209명의 청년이 청년소셜 리빙랩에 참여하였다. 참여 당시 입직한 청년의 비중은 22.3%였으나, 참여 이후 청년의 입직 비중은 53.7%로 증가하였다. 사업 참여 이후 청년들의 지역사회에 대한 소속감, 자부심, 지역 정주의향이 모두 높아졌을 뿐 아니라, 79.1%의 청년들이 역량이 높아지고 사회적 인간관계망 형성에 도움이 되었다고 답하였다.

2018년 10월 29일 KT&G 상상마케팅 스쿨 12기에 참여한 대학생들과 4주간의 소셜리빙랩 미니 프로젝트를 시작했다. 저녁시간인데 지역 여러 대학에서 100여 명의 청년들이 참여하였다. 대학생만을 대상으로 리빙랩을 시작한 것은 교육모델로 리빙랩을 도입한다는 점에서 더 큰 의미가 있다. 핀란드에서는 리빙랩이 학교 교육 프로그램으로 활용되고 있다. 2018년부터 교육청소년 정책관실과 함께 대학리빙랩(주민연합형 대학 육성사업)을 시작한 것도 큰 마중물이 될 것으로 기대한다.

행정안전부도 소셜리빙랩Social Living Lab이라는 이름으로 국민해결 2018 프로젝트를 시작했다. 20개의 소셜리빙랩이 운영되었고, 대구에서 선정된 2개의 소셜리빙랩은 청년부채와 노인치매를 주제로 모두 청년들이 주도하였다. 북구의 노인 치매를 주제로 선정된 소셜리빙랩은 소이랩협동조합의 주도로 이루어졌는데, 장종욱 소이랩 이사장은 2017년 대구X청년 소셜리빙랩에 1기로 참여한 청년이었고, 훗날 2021년 대구시의 주민연합형 대학 육성사업(대학 리빙랩)의 총괄 주관기관으로서 역할을 하게 되었다.

2019년에는 도시재생과에서 청년과 시민이 주도하는 도시재생 공모사업 모델을 리빙랩 방식으로 새롭게 추진하였다. 시민주도 마을문제 해결이라는 주제로 처음 선보인 어반 그레이드 사업이다. 2021년에는 민족자본 최초의 백화점이었던 무영당을 활력이 넘치는 시민들의 공간으로 재탄생시키는 프로젝트로 진행하였다. 청년소셜리빙랩은 지역 내뿐만 아니라 타 시·도의 청년정책에서 청년들의 역량강화와 사회참여를 위한 모델로 확산되고 있다.

청년소셜리빙랩의 향후 과제는 크게 3가지다. 첫째는 사회문제 해결을 위한 실험이 소셜벤처 창업으로 이어져서 지속가능성과 경제적 효과를 창출하는 것이다. 최근 과학기술정보통신부에서 사회문제 해결형 연구개발과제의 확대를 추진하고 있어서 새로운 계기가 마련될 것으로 기대한다. 둘째는 지역대학 등 교육시스템과 연계하여 학생들의 실질적인 소통과 협업, 문제해결역량을 높여서 새로운 시대가 요구하는 인재를 양성하는 것이다. 2022년에는 한국장학재단과 협업하여 중소기업 취업연계 장학금의 직무기초연수로 리빙랩 기반 실습교육을 연계하였다. 문제해결역량을 갖춘 인재양성으로 취·창업 발판을 강화하고자 한 것이다. 셋째는 청년들의 다양한 현장실험을 대구시정과 연결하여 지역사회문제, 도시문제를 해결하는 혁신활동으로 연결하는 것이다. 2019년부터 대구시 부서별로 소셜리빙랩 수요를 발굴하여 지정공모로 추진하였다. 특히 도시재생, 골목경제, 탄소중립 등의 시정과제에 청년들의 실험 결과물을 공유하거나, 청년들을 각 부서에 추천하여 각종 위원회 등 시정에 참여하는 사례가 증가하고 있다.

혁신은 직선이 아니다. 점과 점이 만나서 에너지를 만드는 곡선이며, 또 교차한다. 소셜리빙랩이 청년들의 일자리, 사회참여, 나아가 도시를 바꾸어나가는 새로운 변화를 만들 수 있도록 더 많은 지역사회 주체의 적극적인 참여가 이루어지길 바란다.

청년이 결정하는 청년예산

청년거버넌스와 청년이 결정하는
청년참여예산으로 만드는 청년의 미래

2021년 4월 13일 저녁 주민참여예산 청년분과위원 청년들과 청년정책 공감토크를 가졌다. 먼저 청년분과위원들에게 그동안의 청년정책 추진현황에 대해 설명을 했다. 아울러 청년들의 목소리와 행동이 어떻게 정책으로 만들어지고 공동체로 확산되고 있는지를 사례를 들어서 강조했다.

"모든 변화는 누가 대신 만들어주는 것이 아닙니다. 누가 솔루션(solution)을 만들어 주기를 마냥 기다리고 있어서도 안됩니다. 사회를 바꾸어야 한다고 합니다. 우리 자신이 사회이기도 합니다. 우리 자신이 변화가 되어야 합니다. 우리의 말, 태도, 행동이 곧 솔루션입니다. 우리가 솔루션입니다!"

마하트마 간디의 말이 떠오른다.

"여러분이 이 세상에서 보고자 하는 그런 변화가 되십시오."

주민참여예산은 시민들이 제안한 사업을 시정에 반영하는 제도로 시민이 제안·심사·선정 등 전 과정에 직접 참여할 수 있다.

대구시는 2015년부터 주민참여예산제도를 본격적으로 시행하였다. 2021년 대구시 주민참여예산은 지난해보다 30억 원 증가한 180억 원이고, 21년부터 주민참여예산에서 청년참여형예산 10억 원을 별도로 편성하였다.

대구시 주민참여예산 청년분과위원회는 청년이 제안해서 만들어진 청년정책이다. 2020년에 대구청년정책네트워크 박준우 상임위원장의 정책제안을 통해 채택되었고 2021년 처음 시행하였다. 주민참여예산 위원은 총 6개 분과 100명 이내로 구성되며, 청년분과는 위원장 1명, 부위원장 1명 포함 총 20명이다.

대구시에 들어와서 청년정책 시행 초기에 시장이 주재하는 간부회의에 참석하여 청년참여형예산을 직접 제안한 바가 있다. 당시만 하더라도 전혀 공감을 받지 못했었다. 하지만, 이후 청년정책에 대한 공감대가 확산되고, 청년거버넌스의 역량이 축적되면서 인식의 변화가 제도의 변화를 가져온 것이다.

대구시의 청년정책네트워크는 대구광역시 청년 기본조례 제11조에 근거하고 있다. 청년정책네트워크는 ① 청년 의견 수렴 및 청년정책 제안, ② 시행 중인 청년정책에 대한 의견 제시 및 참여, ③ 국내외 청년 단체·협의체와의 협력 및 교류, ④ 그밖에 청년의 소통과 참여를 확대하기 위하여 필요한 사항의 역할을 한다.

대구시의 청년거버넌스는 2015년 대구시에서 출범한 청년위원회와 2016년 대구청년센터에서 시작한 청년ON으로 이원화되어 있었다. 청년위원회는 2015년 2월 30명의 위원을 위촉하여 5월 출범식을 가졌고, 청년문제 해결에 관한 협치 시정 구현을 위한 지역청년들과의 소통창구 및 컨트롤타워 역할에 중점을 두었다. 한편 청년ON은 100여 명의 대규모로 구성하여 청년정책 연구모임과 정책제안 활동에 중점을 두었다.

2019년부터는 청년이 주체가 되는 거버넌스의 역할 중복을 방지하고 집약적인 운영을 위해 청년위원회와 청년ON을 통합하여 대구청년정책네트워크를 구성하였다. 대구시와 대구청년센터가 공동으로 운영하였지만, 매년 1년간의 프로그램을 기획하고 실행한 청년센터의 역할이 많았다. 특히, 청년거버넌스 참여 경험이 많은 선배 청년들로 구성된 운영지원단의 역할이 컸고, 성공적인 청년거버넌스 운영의 비결이었다.

2016년 청년ON부터 2021년 청년정책네트워크까지 총 149건의 정책제안이 이루어졌고, 76건이 채택되었다. 정책 채택률은 51%이다. 채택에는 일부 채택, 수정 채택이 포함되어 있다. 처음에는 청년ON의 정책제안이 대구시의 관련부서 업무담당자에게 전달이 되고, 상호 의견교환이 이루어지는 과정에서 서로가 기대 수준에 미치지 못함으로써 상호불신이 높아지고 있었다. 사정은 이러했다. 청년의 입장에서는 오랫동안 노력해서 애써 만든 제안인데 대구시 공무원은 기존 정책과 중복되거나, 내용이 모호하다는 이유로 대부분의 제안이 불채택된다는 것이었다. 반면, 공무원의 입장에서는 청년들의 제안 내용이 너무 거칠고, 대부분 기존 정책과 차별화가 부족하다는 이유에서였다. 제3의 대안에 대한 고민 없이 팽팽하게 골이 깊어지고 있었던 것이다. 그래서 청년들의 제안서 중에서 일부 아이디어를 기존 정책에 반영하는 일부 채택과 청년들의 제안서 중에서 일부 내용을 수정·보완하여 채택하는 수정 채택을 추가함으로써 양자 간의 갈등을 줄이면서 기존 정책의 완성도와 청년들의 효능감을 동시에 높일 수 있었다.

청년들의 정책제안을 통해서 채택되어 추진된 대표적인 사업으로는 대구 청년 커뮤니티 포털 구축, 청년 상담소, 청년 알바돌봄, 청년 주거안정 패키지 등이 있다. 대구시의 청년정책과 신설도 청년들의 요구로 만들어졌으니, 청년들의 목소리가 대구시 청년정책의 시작이자 초석이 되었다고 해도 과언이 아니다.

청년들의 다양한 제안을 반영하여 만들어진 대구형 청년보장제가 2019년부터 시작되고, 기본적인 정책 포트폴리오가 완성되었다. 향후 남겨진 과제는 효과가 검증된 정책모델의 규모를 키우거나, 기존 정책의 사각지대를 보완하는 것이다. 이에 2021년부터 주민참여예산에 청년분과를 신설하여 지역청년들의 요구를 폭넓게 접수함으로써 기존 정책의 사각지대를 채워나가고 있다. 또한 2022년부터는 대구청년정책네트워크의 정책제안 범위를 기존 청년정책에서 청년의 삶과 관련된 시정 전체로 확대하기로 하였다.

대구시 주민참여예산 청년분과위원회는 21년 처음 시행되었지만, 지난 4월에 주민제안사업 공모 결과 일자리·창업·교육·복지 등 다양한 분야의 청년지원사업 총 161건(215억)이 접수됐다. 최준영 위원장은 "예산의 수립과 편성, 집행까지 청년들이 직접 만들어가기에 큰 책임감을 느낀다."라고 말했다. 주민참여예산 청년분과위원회 설치와 청년참여형예산의 신설은 청년들이 청년정책의 수립 과정에 직접적으로 참여할 수 있는 소중한 기회가 되었다. 대구시는 2023년 청년참여예산을 20억 원으로 지난해 대비 두 배로 증액하였다.

청년들이 청년정책 예산편성을 주도한 첫 시도는 서울시에서 이루어졌다. '서울특별시 청년 참여 활성화 지원조례'에 근거하여 청년자율예산제를 2019년 500억 원 규모로 처음 실행하였다. 청년자율예산제는 서울시 정책 예산 중 일부를 청년들이 직접 편성하는 독립적인 예산편성 제도로 청년 당사자의 민간 거버넌스인 서울청년시민위원이 숙의, 토론, 공론화 과정을 거쳐 예산안을 마련하는 방식이다.

비수도권에서는 경상남도가 주민참여 예산제 운영 조례에 근거하여, 2020년부터 총 170억 원의 주민참여 예산 중에서 청년참여형으로 7개 사업 10억 원을 실시하였다. 서울시, 경상남도에 이어서 2021년 대구시의 주민참여예산 청년분과위원회 운영사례가 국무총리실 청년정책조정위원회에서 공유되면서 중앙부처 차원의 청년참여예산 도입까지 검토되었다. 향후 전국의 지자체로 확산될 것으로 예상된다. 하지만, 이제 서울특별시뿐만 아니라 대구, 광주를 비롯해서 전국 지자체가 청년정책을 시작한 지 5년 이상 경과하였고, 대부분의 지원사업 유형이 충족되고 있는 만큼, 새로운 지원사업 유형에 대한 정책수요는 과거에 비해 전반적으로 많이 감소하고 있다.

서울시의 청년자율예산제 규모만 보더라도 21년에는 242억 원 16개 사업, 22년에는 84억 원 10개 사업으로 매년 급격히 감소하고 있다. 따라서 향후에는 별도의 청년참여예산을 구분하여 계속예산을 확대하는 방식보다는 보다 탄력적인 청년자강 지원사업을 운영하는 방식이 필요하다. 청년들이 자유롭게 창의적이고 다양한 활동을 할 수 있도록 열린 공모방식으로 선정하여 개인이나 팀, 단체 또는 법인을 지원하는 모델이 더 효율적일 것으로 판단된다. 예를 들면, 대구시가 2022년 처음 시행하는 청년 스스로 프로젝트가 좋은 모델이 될 수 있다. 올해 3억 원의 예산으로 청년들이 스스로 일자리를 창출할 수 있는 다양한 모델을 기획하고 실행할 수 있도록 프로젝트를 지원한다.

2017년 9월 23일 토요일, 청년ON 시즌2에 참여한 100여 명의 청년들이 목소리를 내겠다고 청년센터에 모였다. 앞 기수 선배들이 후배들에게 경험담을 제공해 주기 위해 무대에 올랐다. 모두 얼마나 발표도 잘하고 울림이 큰지! 대구의 젊음이 고동치는 것 같았다. 2021년 11월 27일 토요일, 청년정책네트워크 2021년 최종공유회. 2015년부터 시작된 대구의 청년거버넌스가 벌써 7년이 지났다. 이제는 정책을 제안하는 역할뿐만 아니라, 학습과 교류, 조사와 연구, 토론과 발표 등의 활동을 통해서 지역의 인재를 양성하는 역할도 하고 있다. 그동안 배출된 청년들이 길을 찾고, 길을 만들면서 곳곳에서 활약을 하는 모습을 보게 된다. 청년이 살고 싶은 도시! 지자체, 유관기관, 지역사회의 역할도 중요하지만, 결국 청년들의 몫이다. 청년의 미래는 청년이 만든다!

청년주거, 해법을 찾아간다

청년주거빈곤과 정권교체
155건의 부동산 정책 발표에도
청년의 주거불안은 오히려 더 심화되었다

한국개발연구원(KDI)의 경제 e정표 경제정책 시계열 서비스를 확인해 보면, 1991년부터 2022년 1월까지 정부는 총 155건의 부동산 정책을 발표했다. 유형별로 분류하면, 중복을 포함해서 주택시장 88건, 주거계획 49건, 토지 26건이다. 하지만, 지난 30년 간 국민들의 주거안정은 크게 개선되지 않았고, 청년들의 주거불안은 오히려 더 심화되었다. 통계개발원의 연구결과를 활용한 권순필·최은영(2018년)의 보고서[78]에

---

[78] 권순필·최은영, 「지난 20년 우리가 사는 집에는 어떤 변화가 있었나」, 2018년 〔「인구·가구 구조와 주거 특성 변화(1985~2015년)」, 통계개발원, 2018년. 재구성〕

의하면, 1995~2015년까지 지난 20년간 전국의 자가 점유율은 55% 전후에서 거의 변화가 없다. 2015년 서울의 자가 점유율은 42.1%로 17개 시·도중에서 가장 낮다. 서울은 세입자의 도시이다. 부산(61.3%), 대구(58.7%), 광주(61.6%)의 경우 20년간 자가 점유율이 크게 높아져 2015년에는 전국 평균(56.8%) 보다 높아졌다. 여기서 주목할 점은 청년 주거빈곤 문제는 역주행하고 있다는 것이다. 1인당 면적 14㎡, 침실 1개, 그리고 전용 입식 부엌, 수세식 화장실, 목욕시설이 없는 가구를 의미하는 최저 주거기준 미달 가구의 전국 전체 가구에서 차지하는 비율은 1995~2015년 46.3%에서 8.2%로 지속적으로 감소한 반면, 서울 1인 청년가구의 경우, 1995년 57.8%에서 2005년 16.1%로 감소하였으나, 이후 증가세로 다시 돌아서서 2015년 20.2%까지 상승하였다.

정부는 2017년 11월 29일 관계부처 합동으로 '사회통합형 주거사다리 구축을 위한 주거복지 로드맵'을 발표했다. 내용은 생애 단계별·소득 수준별 맞춤형 주거지원, 무주택 서민·실수요자를 위한 공적주택 100만 호 공급, 주택임대차보호법·제도 정비 및 협력적 주거복지 거버넌스 구축을 포함하고 있다. 특히, 대학생·사회초년생 등 청년 주거지원, 신혼부부, 고령자, 저소득 취약계층 등 수요자의 생애 단계·소득 수준에 따른 주거 수요를 반영하여 임대주택 공급 및 금융지원, 복지서비스를 패키지로 지원하는 정책으로서 의의가 있다.

당시 2016년 주거실태조사결과에 의하면, 청년은 1인 가구 비중이 47%로 전체(27.2%), 노년층(42%)보다 높았고, 임차가구 중 월세 비중이 64.3%로 높으며 최저 주거기준 미달가구도 7.2%로 전체 평균(5.4%)을 상회하였다. 특히, 저소득 청년은 월세 비중이 66.9%로 높고, 쪽방·고시원에 많이 거주하여 최저 주거기준 미달가구 비율이 10.1%로 매우 높았다. 청년은 소득이 적고 월세 비중이 높아 RIR(RIR; Rent to Income Ratio)이 19.5% 수준으로 평균 이상이며, 저소득(4분위 이하) 청년은 25.5%로 매우 높았다. 이는 청년의 취업 시기가 늦어져, 청년층의 자산 형성도 어려운 실정에서 기인한다. 저소득 대학생·사회초년생은 전·월세에 대한 지원을 가장 선호(44.1%)하고, 공공임대주택에 대한 수요(17.5%)도 높았다.

2019년 10월 5일 성신여대 총학생회 등 16개 학생회·학생단체는 서울 종로구 청계광장에서 대학생 주거권 보장을 위한 자취생 총궐기대회를 열었다. 유엔이 정한 세계 주거의 날을 맞아 지·옥·고(지하방·옥탑방·고시원)에서 살고 있는 청년의 주거권 보장을 촉구하기 위해서다. 유엔은 1986년 모든 시민은 안전한 곳에서 안락하게 생활할 권리가 있다는 점을 알리기 위해 매년 10월 첫째 주 월요일을 세계 주거의 날로 정했다.[79] 국토교통부가 지난 2021년 9월 13일 청년정책 전담부서인 청년정책과를 신설하고, 최연소 청년정책과장까지 임명하고 나선 것도 깊어지는 청년들의 주거 불안 때문일 것이다.

---

79) "들끓는 벌레떼, 찜통·냉골 쪽방… '주거 지옥' 젊어 고생 사절", 서울신문, 2019. 10. 6.

2020년 주거실태조사에 따르면 청년가구의 자가점유율은 2020년 16.1%으로 일반가구(57.9%), 신혼부부(46.1%), 노인가구(75.4%), 소득 하위(소득분위 1~4분위) 가구(45.4%)에 비해서 훨씬 낮았다. 더욱이 청년가구의 자가점유율은 2017년(19.2%), 2018년(18.9%), 2019년(17.2%), 2020년(16.1%)으로 매년 감소하고 있는 것으로 나타났다. 청년들의 가구당 평균 주거면적은 45.9㎡로 일반가구(68.9㎡)는 물론 소득 하위 가구(55.6㎡) 보다 낮았다. 지하·반지하·옥탑방 거주 비율도 2.0%로 일반가구(1.6%) 보다 높게 나타났다. 최저 주거기준 미달가구 비율도 청년가구가 7.5%를 차지해 소득하위 가구(7.6%) 다음으로 높았다.[80]

청년의 주거불안이 심화되고 있는 가운데, 2021년 3월 2일 소위 LH 사태가 발생했다. 민변과 참여연대가 LH직원들이 광명·시흥지구 신도시 지정에 앞서 토지를 매입한 의혹을 제기하였고, 정부의 수사 결과 LH 직원 20명의 투기 정황이 드러났다. 이후 LH 사태는 내부정보를 이용한 투기 의혹으로 퍼져 국회의원, 지방자치단체 의원 및 공무원 등 공직 사회 전반으로 확산되었다. 청년 주거 시민단체 민달팽이 유니온은 공정하지 않은 LH만이 문제가 아니라 근본적으로는 투기를 방조한 한국사회의 부동산 불패 신화, 투기를 권하는 사회풍조와 자산불평등이 심화되는 사회구조를 고쳐야 한다고 비판했다.[81]

---

80) 「2020년도 주거실태조사 -(특성가구)연구보고서」, 국토교통부, 21년 5월.
81) "2030 청년 시민단체, 제2, 3LH사태 벌어질 수 있어", 쿠키뉴스, 2021. 3. 25.

민달팽이 유니온은 2011년 대학생 주거권 문제로 결성하여, 현재는 청년 세대 전반이 한국사회에서 겪는 전반적인 주거문제를 해결하기 위해 청년 주거권 보장을 위한 제도개선과 청년세대에게 접근 가능한 달팽이집 등 비영리 주거모델을 실험하여 사회주택을 공급 중에 있다.

2022년 3월 9일, 제20대 대통령 선거에서 윤석열 국민의힘 후보가 당선되었다. 48.56% 득표로 이재명 더불어민주당 후보와 득표율 차는 0.73%p, 두 사람의 표차는 24만 7000여 표에 불과했다. 촛불 민심으로 정권을 교체했던 문재인 정부 집권세력이 5년 만에 정권이 다시 교체되어 1987년 대통령 직선제 개헌 이후 보수ㆍ진보 정권이 10년마다 교대되는 10년 권력 교체 주기설이 깨졌다. 정권교체를 가능케 한 여론의 지각변동은 현 정권의 부동산정책에 대한 2030세대의 불만이 도화선이 되었다고 해도 과언이 아니다.

청년주거정책 청문현답
청년주거정책도 청년의 생활 속으로,
현장으로 가야 답이 보인다

주거복지란? "쾌적하고 안정적인 주거환경에서 인간다운 주거생활을 할 권리"의 실현을 목표로, 국민 모두가 "부담 가능한 비용으로", "일정 수준 이상의 주거환경"을 누릴 수 있도록 제공하는 지원을 의미한다.[82]

주거복지서비스는 크게 임대주택, 주택금융, 주거급여 등 3가지가 있다. 임대주택은 임대를 목적으로 공급하기 위한 경우와 임대 후 분양을 목적으로 공급하는 주택 또는 공공임대와 민간임대로 나누어진다. 주택금융은 전월세와 주택구입자금을 낮은 이자로 빌려주는 정책이다. 마지막으로 저소득층의 집세나 집수리를 지원하는 주거급여와 주거상담이 있다.

공공임대주택은 영구임대주택, 국민임대주택, 행복주택, 전세임대주택, 매입임대주택 등이 있는데, 이 중에서 가장 청년들에게 익숙한 유형은 행복주택이다. 행복주택은 대학생, 신혼부부, 사회초년생 등 젊은 층의 주거 안정을 위해 마련된 임대주택이다. 행복주택은 공급물량의 80%가 신혼부부, 청년, 대학생 등으로 구성되고, 소득기준은 가구소득 100% 이하(사회초년생 본인은 80% 이하)이다. 임대 기간은 입주 계층에 따라 다르지만, 최대 20년 동안 거주할 수 있으며, 전용면적 40㎡ 미만의 공간을 시세의 60~70% 보증금과 임대료로 거주할 수 있다.

행복주택의 당초 취지는 직장과 학교가 가까운 곳이나 대중교통이 편리한 곳에 시세보다 저렴한 임대료로 거주할 수 있도록 하여 젊고 활력이 넘치는 아파트를 중심으로 지역경제를 활성화

---

82) "주거복지란?", 마이홈 포털, 국토교통부·한국토지주택공사.

하는 곳으로 조성하자는 것이다. 하지만 지역의 현실은 아니었다.

대구의 경우 신서 혁신도시(LH천년나무 10) 행복주택이 2017년 1월에 가장 먼저 준공되었고, 21㎡/26㎡/36㎡ 유형으로 총 1,088호가 공급되었다. 2019년 3월 18일 신서 혁신도시 행복주택현장을 확인해 보았다. 사전에 연락을 하지 않고 방문을 하였으나 관계 직원들이 친절하게 안내를 해주었다. 보증금과 월 임대료 수준에 대해서는 만족스러운 평가를 받고 있었으나, 자가용이 없는 청년들은 부득이 자전거를 이용하기도 하지만 불편함을 호소하는 입주자가 많았다. 또한 신혼부부용이 공실률이 높아서 대학생과 사회초년생에게 공급하였는데, 층간소음, 흡연, 새벽 음주 등의 민원이 종종 발생하여 곤란을 겪은 사례도 있었다. 행복주택만의 문제가 아니었다. 신서 혁신도시가 활성화되지 않아서 미분양 상가도 많아서 청년층에게는 매력적인 위치가 아니었다. 청년층에게 매력이 없으니 상가도 활성화되지 않는 악순환 구조로 보였다. 우선적으로 청년행복주택을 인근 대구권 대학교의 학교 기숙사 용도로 전환하고, 스쿨버스를 연계하는 방안도 효과가 있을 것이다.

청년매입임대주택은 2017년 도입된 공공임대주택 유형으로 기존 주택을 매입 후 저소득 청년층에게 시중 전세가의 30%~50% 수준으로 임대하는 정책이다. 대구시 도시공사는 2018년까지 5동 61호를 공급하였고, 2022년까지 매년 50호를 공급한다는 계획이다. LH는 총 83호를 공급하였다. 하지만, 2018년 당시 대구시의 5동 61호 중에서 겨우 1호만이 입주하고 있었다. 공공임대주택은 공급계획을 기준으로 정책을 관리하다 보니, 청약률, 계약률, 입주율에 민감하지 못한 한계점이 보였다.

2018년 6월부터 청문현답, "청년이 묻고 현장에서 답하다!"라는 슬로건으로 청년들이 직접 청년정책을 모니터링하고 개선사항을 제안하는 활동을 시작하였다. 청문현답 등 청년들의 정책개선을 위한 활동 과정에서 청년매입임대주택의 높은 공실률이 청년의 현실과 동떨어져 있고, 눈높이가 맞지 않는 데에서부터 기인한다는 지적이 있었다. 가장 큰 문제점은 냉장고 등 가전과 가구, 생활편의설비가 빌트인Built-in이 되어 있지 않다는 것이었다. 단기적으로 거주하는 대학생과 사회초년생 청년에게는 청년매입임대주택을 선택하는 데 있어서 가장 큰 걸림돌이었다. 추후, 건축주택과 등과 청년주거에 관한 협업회의를 통해서 문제를 공감하였고, 이후 보완조치가 이루어졌다.

2020년 9월 1일 대구도시공사의 협조로 산격동 청년매입임대주택 현장을 찾았다. 빌트인이 잘 되어 있었다. 수도권으로 출향한 청년들을 다시 대구로 유턴U-Turn시키기 위한 청년귀환 프로젝트가 떠올랐다. 향후 1개월 이상의 대구 방문 · 체류 프로그램이나 귀환歸還 청년들의 초기 정착 주거공간으로 청년매입임대주택을 연계하면 정책 시너지가 높을 것이다.

주거안정패키지정책 디자인

청년 주거비 부담 완화를 위한 지자체의 정책

어디까지 할 수 있을까?

2021년 9월 14일, 대구시는 청년들의 주거부담 완화를 위해 4년간 총 884억 원 규모의 청년주거안정패키지 도입을 발표했다. 청년주거안정패키지는 사회 진입 및 신규 유입 청년의 초기 주거 안정을 돕고 정착을 지원하기 위해 단계별로 전략을 수립했다. 패키지정책의 내용을 요약하면 다음과 같다.

① 월세 지원: 1인 가구 청년(중위소득 120% 이하)에 대해 연 2천500가구 대상, 최대 월 15만 원을 지원

② 청년 전월세 보증금 이자 지원: 한국주택금융공사 및 금융기관과 함께 임차보증금 2억 원 이하 무주택 청년 가구에 대해 융자한도 5천만 원까지 시중 금리보다 2% 이상 저렴하게 지원

③ 전세 반환보증금 보증료 지원: 임차보증금을 떼이지 않도록 주택도시보증공사(HUG)와 한국주택금융공사(HF)에서 보증하는 임차보증금 3억 원 이하 전세 반환 보증보험에 가입한 청년에게 보증료 전액 지원

④ 신혼부부 전세자금 이자 지원: 혼인 신고일 기준 7년 이내 신혼부부(부부 합산 연소득 6천만 원 이하)를 대상으로 주택도시보증기

금 신혼부부 전용 전세자금 대출자에게 대출금에 대한 이자를 자녀수에 따라 차등 지원. 현재 시행 중인 사업을 대폭 확대해 내년부터 2자녀 이상 세대에는 대출 이자를 전액 지원. 또한, 귀환 신혼부부 전세자금 대출 이자 지원도 연 300명씩 4년에 걸쳐 지원

⑤ 공공임대주택 공급 확대: 행복주택, 전세임대주택 등 청년 공공임대주택을 현재 9천200가구에서 25년까지 2만 4천 가구 이상 공급해 수요 대비 100% 이상 확대 공급

⑥ 청년희망주택 공급: 추가 공급하는 행복주택 6000호 중 4000호는 대구형 청년희망주택으로 공급함. 교통·교육 등 입지여건이 우수한 지역에 입주자 임대료 및 보증금 지원, 계층별·세대별 전용공간 설계, 입주자 맞춤형 커뮤니티 지원 등 특화된 행복주택으로 공급

⑦ 원스톱 청년주거상담서비스 플랫폼 구축: 각종 정보 안내 및 상담을 위해 청년주거관련 정보를 한 곳에서 누구나 쉽게 찾을 수 있도록 지원

청년주거안정패키지를 도입하게 된 배경에는 무엇보다도 대구지역의 가계소득 대비 주택가격 비율(PIR, Price to Income Ratio)이 2020년 기준 5.9배로, 세종(7.2배)과 서울(7.0배)을 제외하고 전국에서 가장 높은 수준이었다. 즉 높은 주택구입 부담으로 인해 대구지역 거주가구의 주택마련 소요기간이 길고 자가점유율이 낮은 상황이었다. 또한 대구지역은 월세 수준이 근로자 평균 월소득의

21.6%(중위 가격 기준)로 서울을 제외하고는 전국에서 가장 월세 부담이 높게 나타났다.[83] 이러한 상황에서 청년들의 삶은 더 팍팍해질 수밖에 없을 것이다. 더욱이 전국 대비 임금 수준이 낮은 지역의 여건을 고려할 때, 청년들은 임금이 높은 일자리를 찾아서 수도권으로의 떠나고, 상대적으로 주거비용이 낮은 인근 경북지역으로까지 유출이 증가하고 있었다.

대구시의 청년주거안정패키지에 대한 정책적 수요는 2018년 조사한 「제2차 대구청년실태조사」에서도 나타나고 있었다.[84] 조사결과에 의하면, 주거생활과 관련하여 청년에게 가장 필요한 지원사업으로 청년들을 위한 보증금·전세금·월세 지원(50.9%)을 가장 많이 꼽았다. 다음으로는 행복주택을 비롯한 공공주택 공급 확대(38.1%), 청년 대상 전세임대 확대(기존 민간건물 임차 후 청년에게 저렴하게 재임대: 32.0%), 다양한 유형의 주택 공급(홈쉐어링, 셰어하우스 등: 19.5%), 주거지원서비스 정보제공(부동산, 홈 셰어링 서비스 등: 10.4%) 등의 순으로 나타났다.

대구시가 처음부터 청년주거안정패키지 도입에 초점을 맞춘 것은 아니었다. 당초에는 도시재창조국에서 대구도시공사와 대구경북연구원에 의뢰하여 대구형 청년임대주택 도입방안을 마련하는 것이었다. 연구용역 초기부터 대구도시공사가 주관하는

---

83) 유혜림 기획금융팀 과장, 「최근 대구지역 주택시장 특징 점검 및 평가」, 한국은행 대구경북본부, 2021년 6월.
84) 「제2차 대구청년실태조사」, 대구광역시, 2019년 2월.

회의에 여러 차례 참여하여 의견을 이야기하였지만, 처음부터 정책의 미스매치가 발생하고 있었다. 정책의 목표와 문제인식을 청년 주거안정에서 시작하지 않고, 하위 단위의 청년행복주택을 어떻게 대구가 더 차별화하여 잘 공급할 것인가?에 맞추어져 있었던 것 같았다. 2020년 9월 2일 오후 대구형 청년임대주택 도입방안에 대한 시장주재 보고회 이후, 이러한 한계는 여실히 드러났다. 회의 이후 도시재창조국장과 만나서 의견을 나누었다. 청년 주거안정을 위해 월세 지원과 전월세 보증금 이자지원 등을 포함하여 대구시의 패키지정책으로 가자는 데 흔쾌히 동의하였고, 적극적으로 추진하였다. 당일 미팅 과정에서 소위 청년 주거상담 헬프 데스크Help Desk 운영과 청년이 빈집이나 노후주택을 매입하여 리모델링하는 것을 지원하는 정책도 함께 제안을 했다. 청년 주거상담서비스는 마지막에 패키지에 포함되었다.

대구시 청년센터에서 청년 상담소를 통해 주거분야 상담도 1차적으로 제공하고 있었지만, 양적으로나 전문적으로 인력 및 시간이 충분하지 못했다. 신혼부부 주거지원 온라인 플랫폼(우리 둥지 대구)도 부분적으로 운영되고 있었지만 한계가 분명했다. 따라서 청년주거지원정책 안내 및 전문상담을 위한 별도의 통합지원체계와 정보시스템을 구축하는 것이 필요했다.

정책 수립 과정도 늘 스타트업처럼 끊임없이 사업방향을 전환하는 피봇팅pivoting을 해야 한다. 피봇팅이란 본래 스포츠 용어이다. 농구를 할 때 공을 잡은 선수가 상대 선수를 피하기 위해 한

쪽 발은 가만히 둔 채 다른 발을 움직여 방향을 전환하는 것을 말한다. 이것이 사업에 적용되면서 사업적 방향을 바꾸는 것을 의미한다. 끝까지 포기하지 않고 열린 마음으로 대화를 계속해야 정책의 완성도를 높일 수 있다. 청년주거안정패키지정책이 발표되고 추진되기까지 주관부서인 도시재창조국 건축주택과의 총괄 역할이 컸다. 원스톱 청년주거상담서비스 플랫폼 구축은 어느 단일 부서로서는 할 수 없고, 어느 부서에서 담당을 해주어야만 하는 상황이었는데, 이 또한 건축주택과에서 맡아 주었다. 청년주거안정패키지정책은 건축주택과, 출산보육과, 청년정책과의 협업의 산물이다. 청년정책의 어떤 분야도 부서간 협업, 근본적으로는 청년, 민간과 협업하지 않고 할 수 있는 일이 없을 것이다.

균형발전과 청년주거 해법

서울에 주택을 계속 공급하면,

청년 주거불안은 해소될까?

　　　　　우리나라의 주택난·주거난의 진앙지는 서울이다. 정부의 주거지원정책과 청년행복주택의 시작도 서울의 주거불안에서 시작되었다. 하지만, 영끌(자금 등을 영혼까지 끌어모은다는 뜻)로 집을 샀지만, 빈곤하게 사는 하우스 푸어house poor가 늘고 있고, 임대차 3법의 부작용으로 전세난민이 되었다는 뉴스는 계속 이어지고 있다. 특히 청년세대의 주거불안은 서울공화국으로 불리는 기회의 양극화와 수도권 인구쏠림이 가속화되면서 증폭되었다.

2020년 주거실태조사에 따르면 청년가구의 열악한 주거상황은 서울 등 수도권에서 더욱 심각하다. 자가 점유율은 수도권 12.5%, 비수도권 20.2%이고, 혼인한 지 7년 이하의 신혼부부는 수도권 36.4%, 비수도권 57.5%로 수도권의 자가점유율이 크게 낮다. 지하·반지하·옥탑방 거주비율은 수도권(3.7%)이 비수도권 (0.1%)보다 훨씬 높았다. 또한 최저 주거기준 미달 가구 비율도 수도권 10.4%, 비수도권 4.1%로 두 배 이상 차이가 있었다. 주거비 부담을 살펴보면, 연소득 대비 주택가격 배율(PIR; Price-to-Income Ratio)은 청년가구 및 신혼부부의 PIR(중위수 기준)은 각각 5.5배, 5.6배로 일반가구와 유사한 수준을 보였다. 하지만, 수도권은 2019년(6.8배) 대비 2020년 8배로, 비수도권(4.4배→4.7배)에 비해 대폭 상승하였고, 월소득 대비 임대료 비율(RIR; Rent to Income Ratio)은 수도권은 18.6%, 비수도권은 13.7%로 격차를 보인다.

주거지원 프로그램의 필요성은 수도권과 비수도권을 비교하면, 주택구입자금 대출은 비수도권(28.1%)이 수도권(20.9%)보다 높고, 장기공공임대 주택공급은 수도권(12.2%)이 비수도권(5.3%)보다 크게 높은 것이 특징이다. 이렇듯 수도권의 주거상황이 더욱 악화되고 있으며, 주거지원정책에 대한 수요도 다름을 확인할 수 있다.

그럼, 서울을 비롯해서 수도권의 주택 공급물량을 계속 확대하면 문제가 해결되는가? 중앙대학교 도시계획부동산학과 교수로 재직중인 마강래 교수는 그의 저서 『부동산, 누구에게나 공평한 불행』에서 "서울에 주택을 공급하는 것은 마치 목마른 사람이 바닷물을 마시는 것과 같다."라고 단언했다.

마강래 교수는 집값을 설명하는 데는 인구밀도가 중요하다고 강조하였다. 즉 출산과 사망으로 인한 자연적 증가보다 이동으로 인한 사회적 증가가 더 중요하다는 뜻이다. 극단적으로 전국 인구가 반토막 나 2,500만 명 아래로 내려가도, 사람들이 서울에 쏠려 살게 되면 집값은 내려가지 않는다는 것이다. 따라서 중요한 것은, 과밀한 지역이 밀도를 낮추기 위해 사회적 인구 이동을 촉진하여 주택 수요를 분산해야 한다는 것이다. 이를 위한 방법으로 두 가지를 제안하였다.

하나는 대도시 생활에 지친 베이비부머의 지방 정착을 돕는 것이다. 수도권에서 인구감소지역으로 이주할 경우, 실거주자가 아니더라도 주택연금의 자격조건을 유지해 주고, 증여세를 완화해 주자는 방안이다. 수도권을 벗어나는 이들이 주택을 팔지 않고 임대를 놓아도 임대차 시장에 물량이 증가하여, 전월세 가격이 안정된다는 것이다. 또 다른 하나는 일자리를 핵심으로 산업전략과 공간전략을 연계하여 지방의 대도시권을 키우는 것이다.[85] 수도권 일극체제에 대항할 만한 지방거점을 키워야 한다는 것이다.

전적으로 공감되는 의견이다.

청년세대의 주거불안을 해소할 수 있는 근본적인 해결책은 무엇일까? 주택의 핵심 수요자인 청년의 인구이동 흐름에서 문제해결의 실마리를 찾을 수 있다. 지방의 청년들은 더 나은 일자리와 교육 기회를 찾아서 서울로 이동하고, 서울의 청년들은 더 나은 주거환경을 찾아서 경기도로 이동한다. 서울의 인구는 2010년 1,057만 명 정도로 정점을 찍고 계속 줄어들고 있다. 서울은 20대 청년은 순유입이고, 30대 청년은 순유출이다. 비수도권에서 수도권으로 순유입된 인구가 8만 8천 명으로 2006년 이후 최대치를 기록한 2020년 인구이동 통계를 보면, 수도권으로 순유입된 20~30대 청년은 9만 3천 명이었다. 반면, 서울시의 20~30대 청년은 경기도로 3만 6천 명이 순유출되었고, 주된 전입사유는 주택이었다.

해법은 두 가지며, 동전의 양면처럼 밀접하게 연결되어 있다. 하나는 수요를 분산해야 한다. 퇴직 중장년층뿐만 아니라 지방에서 수도권으로 출향한 청년층이 다시 본인이 태어나고, 성장하고, 배웠던 곳으로 유턴U-Turn할 수 있도록 지원하는 청년귀환歸還 정책이 필요하다. 수도권에서 경력을 쌓은 출향청년들이 지방으로 돌아온다면, 인재의 양성·활용·정착과 지역발전이 선순환이 될 것으로 기대된다. 대구시에서 시작한 청년귀환 프로젝트에 대

---

85) 마강래, 『부동산, 누구에게나 공평한 불행』, 메디치, 2021년 10월.

해서는 다음 장章에서 좀 더 상세히 설명하고자 한다.

또 다른 하나는 지방 대도시를 중심으로 산업혁신과 공간혁신을 연계하여 청년들이 선호하는 일자리와 우수한 교육 기회를 충족시켜야 한다. 지방에서 청년세대의 주거불안정성은 수도권에 비해서 공급측면보다 수요측면의 소득요인이 크다. 첫 취업도 늦지만, 수도권에 비해 저임금의 불안정한 일자리가 많다.

수도권 청년의 귀환을 위한 주거지원정책 마련도 필요하다. 대구시가 22년부터 시행하는 귀환 신혼부부 전세자금 대출 이자지원도 한 예가 될 것이다. 청년행복주택의 공급을 통한 방안도 강구해야 하겠지만, 지방 대도시에도 날로 늘어만 가는 빈집과 노후주택의 리모델링을 지원해 주는 방안도 적극적으로 도입할 필요가 있다. 예를 들면, 서울시·SH공사가 2021년 시행한 빈집활용 사회주택을 300호 공급하는 사업이 있다.

대구시의 2021년 빈집 실태조사결과에 의하면, 1년 이상 거주 또는 사용하지 않는 빈집이 3천542호가 확인됐다.[86] 조사결과를 바탕으로 빈집의 연차별 정비계획, 안전조치 및 관리계획 등 종합적인 빈집 정비계획을 마련한다. 시급한 조치가 필요한 빈집은 1곳당 3천만 원 지원한도로 정비 사업을 병행해 추진한다. 13년부터 시작하여 21년까지 이 사업을 통해 빈집 370동은 임시주차장 156곳, 쌈지공원 47곳, 텃밭 78곳, 꽃밭 등 89곳으로 활용되고

---

86) "대구시, '빈집 정비' 본격 시동", 대구일보, 2021. 2. 14.

있다. 향후 상태가 양호해 활용 가능한 빈집을 지역 정주 청년 또는 귀환 출향 청년들의 주거 또는 창업용 공간으로 지원해 주는 정책이 추진된다면 청년뿐만 아니라 인근 지역의 활력 제고에도 기여할 것이다. 오래 방치된 빈집을 리모델링하여 공급하는 방식이 우리나라에서 수요가 있을까? 2020년 11월 26일 MBC 다큐플렉스에서 첫 방송된 〈빈집살래: buy & live〉는 서울 도심 속 흉물로 방치된 빈집을 발굴하고 새롭게 재탄생시키는 소위 환골탈태 빈집 재생 프로젝트다. 서울 도심 아파트 전셋값으로 평생 가족이 함께 살 수 있는 내 집 마련의 꿈을 이루고, 상상력과 의지만 있다면 리모델링을 통해서도 빈집이 새로운 가능성을 가진 집으로 변신할 수 있다는 것을 제시하고 있다. 빈집살래 프로젝트에는 라이프스타일도 집에 대한 생각도 다양한 의뢰인들이 모여들어 200대 1이 넘는 경쟁률을 기록했다.[87]

향후 중앙부처와 지자체의 인구정책, 주거정책과 도시재생정책을 청년정책과 잘 연계하고 통합적으로 설계한다면, 1석 3조의 정책효과를 가져올 수 있을 것이다. 예를 들면 행안부의 인구감소지역 통합지원사업, 청년 마을만들기 사업, 청년 공동체활성화사업, 국토부의 빈집 정비사업, 빈집 특화재생 시범사업, 지자체의 빈집 정비지원사업과 청년귀환정책 등이다.

---

87) "'다큐플렉스-빈집살이' 서울 도심에 방치된 '빈집' 2972호… 왜 내 집은 없을까?", 매일경제, 2020. 11. 2.

청년귀환, 국가가 나설 때다

청년유출과 불편한 진실

수도권과 비수도권의 격차 확대로

지방의 미래가 유출되고 있다

미래를 예측하는 것은 어렵다. 하지만, 최근 발표된 인구통계를 보면 대한민국의 정해진 미래가 보인다. 지난 2020년 우리나라 주민등록인구가 사상 처음으로 감소했다. 인구절벽을 넘어 출생자 수보다 사망자 수가 많아지며 인구가 자연 감소하는 인구 데드크로스dead cross를 의미한다. 대한민국에서는 아이들의 웃음소리를 듣기 힘들고, 고립된 청년들이 외로운 노인을 부양해야 하는 비율이 높아지고 있다.

수도권 인구가 50%대로 올라선 것은 사상 처음이다.(2019년 등록 센서스 방식 인구주택총조사 결과, 2020. 8. 28.) 2000년 수도권 인구 비중은 46.3%였다. 한국고용정보원은 지난 2020년 지방소멸위험지수

조사를 통해 전국 228개 시·군·구 중 105곳을 소멸 위험지역으로 분류했다. 2019년에는 97곳의 시·군·구가 이에 해당했으나 한 해 만에 8곳이 늘었다. 전국 시·군·구의 46%가 소멸위험에 놓여있으며 이 가운데 92%가 비수도권이다.[88] 이제 지방소멸은 어느 한 시·군·구의 위기를 넘어서 지방을 기반으로 성장해 온 대도시의 위기로 점화될 것이다. 이미 정해진 미래는 가까이에 와 있다.

우리나라의 지도가 바뀌고 있다. 수도권의 신도시들은 빠르게 성장하는 반면, 부산·대구·광주, 영·호남의 오래된 거점도시들은 쪼그라들고 있다. 『세계는 평평하다』에서 토머스 프리드먼은 인터넷 덕분에 물리적 위치가 더는 중요하지 않고 장소는 중요하지 않다는 주장을 했다. 하지만, 현실은 어떤가?

2020년 현재 청년인구의 52%가 서울, 인천, 경기도, 수도권에 거주한다. 지난 한 해 20대 청년 4만 5천 명이 더 취업하기 좋은 대학, 더 일하기 좋은 직장을 찾아서 지방을 벗어나서 서울로 향했다. 지방의 청년들은 새로운 곳에서 살아보고 싶어 하고, 서울은 많고 다양함으로 기회의 땅처럼 보이기 때문이다. 하지만 정치, 경제, 사회, 문화, 교육 등 모든 것이 서울로 수렴하는 서울 수렴의 법칙 때문에 지방대라는 꼬리표를 가진 지방 청년에게 취업의 벽은 더더욱 높다. 서울에서 취업을 겨우 한다고 해도, 지방

---

88) 이상호, 「포스트코로나19와 지역의기회」, 지역고용리뷰, 한국고용정보
연구원, 2020년 1월.

청년에게 허락된 공간은 고작 5.5평 반지하이거나 옥탑방, 고시원, 이른바 지·옥·고다. 지방청년의 서울살이는 빈곤함과 외로움으로 채워진다. 청년세대가 지역 간 불균형을 만났을 때 청년이 겪는 사회문제는 훨씬 더 악화된다.

수도권으로의 과도한 청년유입은 다른 한편으로는 수도권 청년실업률의 상승 압력으로 작용하고 있다. 서울의 청년들은 과잉 경쟁에 시달리고, 높은 주거비용과 생활비용으로 더더욱 힘겹다. 청년 이동의 고민은 서울도 자유로울 수 없다. 지난해 서울시의 20~30대 청년은 경기도로 3만 6천 명이 순유출되었고, 경기도로의 주된 전입사유는 주택이었다. 경기도는 지난해 8만 4천 명의 청년이 순유입되었지만, 경쟁 심화로 고용률은 악화되었다.

수도권 쏠림으로 기회의 양극화가 심화되고 있다. 첫째, 입직 기회의 수도권 쏠림이 심화되었다. 2020년 기준 매출 1000대 기업 본사의 74.3%, 매출액 비중은 86.9%, 100대 기업은 91개가 수도권에 소재하고, 이 중 서울에 78곳이 집중되어 있다. 또한 기업의 창업과 성장성도 마찬가지다. 2019년 기준 매출액 10% 이상 고성장기업의 57.5%, 창업기업의 54%, 그리고 10억 원 이상 투자를 받은 575개 스타트업 중 90%가 수도권에 소재한다.

둘째, 문화 기회의 수도권 쏠림이 심화되었다. 박물관을 제외한 국립전시공연시설 14곳 중 9곳이 서울에 입지해 있고, 국립예술단공연도 최근 3년간 전체 공연의 82%인 1천494회가 서울에서 개최된 반면, 같은 기간 6개 광역시 공연은 24회에 불과했다.

셋째, 교육 기회의 수도권 쏠림이 심화되었다. 2021년 전국 대학의 신입생 미달 인원은 사상 최대인 4만 586명으로 지난 해 1만4천158명 대비 3배나 급증하였는데, 이 중 75%인 3만 458명이 비수도권 대학이다.

대학재정지원도 수도권대학과 비수도권 대학 간 격차가 크다. 대학재정알리미에 공시된 2019년 대학재정지원 현황을 살펴보면, 4년제 대학 198곳, 전문대학 136곳이 12조 1,497억 원의 정부 지원을 받았다. 이 중 학자금 지원과 국공립대학 경상비 지원을 제외한 일반지원 부문에서 비수도권대학의 지원액은 수도권 대학의 절반 수준인 121억 원에 불과하고, 연구개발사업에서는 수도권 대학이 149억 원으로 비수도권 대학 53억 원보다 2.8배 많았다.

이러한 입직, 문화, 교육의 수도권 쏠림만 살펴보더라도 청년의 수도권 이동을 설명해 준다. 수도권과 비수도권의 격차가 커질수록 지방의 청년유출은 더욱 증가한다. 지방의 청년유출은 지방의 혁신역량을 떨어뜨리는 지방의 미래유출로 이어져 악순환의 덫에 빠지게 된다. 오늘날 우리 사회에서 개인이 갇히게 되는 빈곤의 덫은 사회적 계급 격차뿐만 아니라 지역격차에 기인하기도 한다.

『직업의 지리학』에서 엔리코 모레티는 지역의 일자리와 봉급에 미치는 영향은 "당신이 누구인가보다 당신이 어디 사는가에 더 결정적으로 달려있다."라고 데이터로 불편한 진실을 보여주었다.[89] 청년들의 미래가 부모의 사회적 계급과 어느 지역에서 사는가에 의해 전적으로 결정되는 곳이라면, 그곳에는 청년의 미래도 국가의 미래도 없다.

청년의 삶과 국가균형발전
청년의 관점에서 청년정책과
균형발전정책을 연결시켜야 미래가 있다!

청년의 삶과 국가균형발전정책은 함께 연결되어 있었다. 반드시 연계하여 추진해야 문제가 함께 풀린다는 확신이 들었다. 청년을 만나고, 지역의 현실을 현장에서 늘 직면하면서 청년일자리, 청년유출, 저출산과 고령화, 지방소멸, 국가의 미래가 모두 연결되어 있음을 확인하였다.

2019년 7월 1일, 국가균형발전위원회에서 주최하는 지역혁신성장을 위한 혁신포럼에서 지역청년일자리의 진단과 방향을 발표하였다. 지역청년일자리정책이 실패하면, 지역의 미래도 대한민국의 미래도 없다. 지방소멸과 사회불안을 막는 방파제이다. 한 사람, 한 주체가 손으로 막을 수 있는 일이 아니다. 여러 부처와 여러 분야, 중앙과 지자체가 함께 협업해야 한다. 대한민국의

---

89) 엔리코 모레티, 『직업의 지리학』, 김영사, 2014년 7월.

미래 함수 = F(지역×청년×일자리)이다. 이 세 가지 변수의 교집합이 지역 청년정책이다.

2018년 기준, 대구청년실태조사결과에 의하면, 수도권 출향청년 중 대구 귀향 의사가 있는 청년은 42%였다. 응답 내용을 요약하면, 20대 청년들은 지방이 답답해서 떠나고, 30대 청년들은 서울이 팍팍해서 돌아오고 싶어 한다. 그리고 출향청년들은 일자리 등 지역의 소식을 알고 싶어 했다. 왕의 귀환보다 더 가슴 벅차게 청년의 귀환이라는 비전이 보였다. 2020년 시범사업으로 청년귀환 프로젝트를 시작했다. 출향청년들에게 대구의 소식을 알리고, 다시 청년들이 대구를 방문해서 대구에서 기회를 재발견할 수 있도록 돕는 온-오프라인 채널 구축사업이다. 2억 원의 예산도 어렵게 확보했지만, 사업 추진에도 한계와 아쉬움이 많았다. 2020년 코로나19 팬데믹으로 대구 탐방 프로그램은 축소해서 운영할 수밖에 없었다.

2020년 6월 11일 코로나19 이후 첫 서울 출장을 다녀왔다. 국가균형발전위원회 김사열 위원장과 미팅을 갖고 지역공동체와 우리나라의 지속 가능한 미래를 위해서는 국가균형발전 차원에서 수도권 청년의 지방 유턴 정착지원 정책이 필요하다는 제언을 하였다. 청년유출은 지방의 혁신역량을 떨어뜨려서 수도권과 지방의 격차를 더 키우고, 악순환이 반복된다. 이 악순환의 고리를 끊기 위해서는 사람 중심, 청년인지적 관점의 국가균형발전정책이 강화되어야 한다. 청년들이 어디에서 살든 자신의 꿈을 찾고 키울 수 있는 나라가 되길 바라며, 전국 차원의 국가 시범사업, 관련 법률 개정, 그리고 정책토론회를 통한 공론화 3가지를 건의서로 제안하였다.

2021년 3월 26일, 국가균형발전위원회와 대구시가 청년들의 지역 유턴을 위한 토크콘서트를 대구에서 공동주최로 개최하였고, 청와대 청년 비서관실도 함께하였다.

"균형발전에 대해서는 진보와 보수 모두 직무유기입니다. 출생자 수 30만 명 선 붕괴로 인구 데드크로스의 국가적 위기, 청년실업과 청년 주거난 등 청년의 삶의 위기, 인구유출로 인한 지방소멸의 위기, 우리가 직면한 3대 위기의 원인은 수도권 일극체제의 구조적 문제에 기인하고 있습니다. 2020년 수도권 인구가 50%를 넘어섰습니다. 국가균형발전특별법이 공포(2004. 1. 16.)된 지 17년이 지났지만, 지역 간 격차는 오히려 심화되었고, 지방은 청년유출로 악순환의 덫에 빠져 있습니다. 낙수효과를 기다리라고 했지만, 모든 것이 서울로 집중되는 빨대효과만 있었습니다.

모든 인식과 관점이 서울공화국이 되면서 아이들의 눈에 비친 우리나라의 지도는 서울과 시골밖에 없습니다. 지방에는 도시가 없습니다. 청년들은 광역도의 시·군·구에서 광역시로, 광역시에서 서울시로, 서울에서 생활이 팍팍해서 다시 가까운 경기도로 이동하고 있습니다.

최근 균형위 연구용역 조사 결과, 지방으로 이주의향이 있는 수도권 청년은 50.2%, 관련 청년정책 마련 시 69.6%로 높아졌습니다. 지역거점 대도시권의 중추기능과 연결망이 강화되면 광역단위의 매력적인 로컬 생활권 조성이 가능합니다. 미래를 바꿀 수 있는 시간이 우리에게는 얼마 남지 않았습니다."

토론 시간을 통해서 여러 정책과제와 함께 지자체, 민간, 청년이 참여하는 청년귀환정책 특별위원회를 구성할 것을 건의하였다. 국가균형발전위원회, 청와대 청년비서관실, 국무총리실 청년정책추진단 3자가 공동주최로 나서 줄 것을 요청하였다.

2021년 5월 23일 일요일, 〈매일신문〉에서 주최하는 대구경북명품박람회 개최기간에 대구·광주 청년들이 청년의 삶과 국가균형발전을 주제로 교류모임을 가졌다. 대구·광주 청년들은 이날 달빛 내륙철도 건설을 촉구하는 성명문도 공동 발표했다. 경제성을 이유로 영·호남 상생·협력의 기회를 배제한다면 수도권집중화를 더욱 심화시킬 것으로 우려된다며, 정부가 제4차 국가철도망 구축계획에 달빛 내륙철도를 반드시 신규 사업으로 반영해 추진할 것을 촉구하였다. 교류회에 함께한 대구·광주의 청년들은 지역발전의 주체로서 우뚝 서 있었다. 2021년 6월 8일 중앙의 청년정책조정위원회와 대구의 청년정책조정위원회 간담회가 있었다. 코로나19 방역관계로 청년대표자 중심으로 참석한 작은 행사였지만, 내용은 크고, 열정은 넘쳤다. 지민준 대구시 청년정책조정위원의 기조발제를 시작으로 대구의 청년대표자들과 함께 이 자리에서도 비수도권 청년의 이중고二重苦를 토로하면서 청년의 삶과 국가균형발전정책의 실질적인 연계 추진을 건의하였다. 여러 경로와 채널을 통해서 지속적으로 중앙에 건의하고 있는 내용들인데, 이 자리에서도 이승윤 부위원장 등 중앙의 청년정책조정위원들이 크게 공감하였고, 이후에도 함께 목소리를 내고 힘을 모아주었다.

2022년 1월 19일 눈 내리는 서울, 오랜만에 국회에 다녀왔다. 국가균형발전위원회와 국무총리실 청년정책조정위원회 등의 주최로 지역일자리를 중심으로 지방청년의 수도권 집중, 원인과 해법을 토론하는 자리였다. 하지만, 국회의원들은 현장에 한 명도 참석하지 않았다. 이게 대한민국 정치의 현실이었다.

"지금 우리나라의 가장 큰 구조적 문제이자 사회적 난제는 무엇일까요? 청년실업, 지방소멸 위기, 부동산 폭등, 저는 이 세 가지를 꼽겠습니다. 이 세 가지 난제를 풀어나가는 단초가 무엇일까요?

청년의 시각! 청년의 삶 관점에서 국가균형발전정책을 강력하게 추진하는 것입니다. 이를 위해서 청년정책과 국가균형발전정책을 연계하여 추진하고, 청년들이 우리나라 어디에서든 일하고, 놀고, 생활할 수 있도록 지역을 재창조하는 것입니다.

청년실업, 지방소멸 위기, 부동산 가격 폭등, 이 난제를 해결하는 단초가 청년에게 있습니다! 이 세 가지 난제의 중심에 청년세대의 삶이 있기 때문입니다.

청년 당사자부터 학계, 언론, 시민사회, 행정, 정치에 이르기까지 더 적극적인 관심을 가져주시길 간절히 바랍니다!"

하루아침에 큰 변화를 만들 수는 없지만, 사람과 사람 간에 울림으로 연결되고, 간절함으로 연대하면 변화의 티핑 포인트tipping point는 반드시 올 것이라 믿는다. 티핑 포인트는 작은 변화들이 어느 정도 기간을 두고 쌓여, 이제 작은 변화가 하나만 더 일어나도 갑자기 큰 영향을 초래할 수 있는 상태가 된 단계를 말한다. 변화를 갈망하는 당신의 1℃가 모여서 100℃로 물은 끓는다.

악순환의 덫을 끊는 청년유턴
청년유출과 지역침체 악순환,
청년귀환정책으로 지역활력 선순환을 만들자

왜 어떤 도시는 승리하고, 어떤 도시는 패자로 남는가? 혁신이 중요한 오늘날의 지식경제에서는 초기 이점이 중요하다. 인적자본, 전문적인 사업 지원 인프라 등 혁신역량이 집중되고, 지식전파와 사회적 신뢰자본 등 혁신환경이 갖추어진 도시는 경쟁우위를 확보한다. 이렇게 한 번 결정된 승자와 패자의 거리는 시간이 갈수록 더더욱 멀어지게 되고, 국가적으로 나쁜 불균형 구조를 만든다. 그럼 수도권 일극체제의 고착화된 나쁜 불균형 구조를 바꾸고, 지방의 도시들이 악순환의 덫에서 탈출하기 위해서는 어떻게 해야 하는가? 아래의 정책제언은 국가균형발전위원회의 의뢰로 지난 2021년 2월 청년의 귀환이라는 제목으로 NABIS 뉴스레터에 기고한 주요 내용이다.[90]

청년유출로 인한 악순환을 청년귀환으로 바꿔 선순환을 만들어나가기 위해서는 지방에서 청년들을 밀어내는 Push요인을 줄여서 청년유출을 감소시키고, 지방으로 청년들을 끌어당기는 Pull요인을 늘려서 청년귀환을 증가시켜야 한다. 이를 위한 가장 기본적인 정책 추진방향은 수도권 일극체제에서 지역거점 대도시권의 다극체제로의 전환이다. 즉, 지방이 길항력(拮抗力, counterveiling power)을 가질 수 있어야 한다. 아울러 지방으로의 청년의 귀환을 준비해야 한다. 크게 보면, 제도적 기반과 정부의 과감한 정책추진이 필요하다. 제도적 기반으로는 청년의 지방이주 지원 등을 위한 국가균형발전특별법 개정, 재정적 지방분권 강화와 행정통합까지 고려될 수 있다.

정부의 정책대안은 청년의 인구이동을 고려하여 국가균형발전정책을 과감하게 추진하여 청년 관점에서 지역 간 격차를 줄이는 것이다. 첫 번째 방안은 공공기관 지방이전이다. 2017년 공공기관 지방이전이 마무리되면서 다시 수도권으로 인구유출이 급증하고 있다. 2차 공공기관 지방이전을 영호남의 중추도시를 중심

---

90) 김요한, "청년의 귀환", NABIS 뉴스레터, 국가균형발전위원회, 2021. 2. 10.

으로 과감하게 추진해야 하는 이유이다.

두 번째는 특구정책이다. 젊은 인재를 끌어당기는 직職·주住·학學·유遊 일체형의 청년 특구 조성이 필요하다. 문재인 정부의 도심융합특구는 용두사미가 되었지만, 윤석열 정부의 기회발전특구를 다시 한번 기대해 본다.

세 번째는 지방 중추도시에 비즈니스 서비스 등 지식기반 서비스산업을 육성하여 지역거점 대도시권 차원에서 제조업과 서비스업의 동반성장을 추구해야 한다. 지식기반 서비스산업은 청년들이 선호하는 일자리이기 때문에 청년 유출을 방지하고 지역의 혁신역량을 높일 수 있는 인적자본을 유치할 수 있다. 균형발전을 위한 산업 재배치 논의에서 지식기반 서비스산업을 반드시 포함해야 한다.

네 번째 방안은 청년들에게 로컬 크리에이터, 소셜벤처, 사회적 기업, 1인 창조기업, 문화예술 창업, 관광 스타트업 등 지역자원 및 지역가치와 연결된 다양한 창업기회를 제공하여 소셜벤처 클러스터와 청년문화 특화거리를 조성해야 한다.

다섯 번째는 청년들이 지역에서 새로운 역량을 키우고 지역사회에 참여하는 다양한 활동을 하는 청년에게 청년 참여소득을 지급하여 청년에게 사회적 일거리를 제공할 수 있을 것이다. 이는 사회적 배당이나 보편적 복지 차원에서 모든 청년에게 현금을 지급하자는 청년기본소득과는 다르다.

마지막으로 수도권으로 떠난 지방 청년들의 유턴을 국가적 차원에서 파격적으로 지원해야 한다. 고학력 청년일수록 이동성이 높기 때문이다. 수도권은 그동안 청년유입을 통해서 사실상 대가를 지불하지 않고 지방에서 투자한 인적자본을 공짜로 받은 것이나 다름없다. 고용과 주거에 관한 대대적인 지원이 이뤄진다면 경력을 쌓은 청년들의 귀환을 기대할 수 있다. 이는 신입보다는 경력직 청년들을 선호하는 지방의 노동시장 특성과도 부합되며, 일자리 미스매치를 해소하여 청년귀환과 지방 중소기업의 경쟁력 제고라는 상생효과를 기대할 수 있다.

국가균형발전 특별법(2004. 1. 16.)이 공포된 지 17년이 지났다. 하지만 지역 간 격차는 오히려 심화되고 있고, 지방은 청년 유출로 활력을 잃고 악순환의 덫에 빠져 있다. 지자체의 몸부림에도 불구하고, 청년유출은 계속되고 있다.

청년 일자리, 청년 주거 등 청년이 겪는 사회문제와 저출산, 초고령사회, 지방소멸 등 국가적 문제는 안과 밖이 구분이 안 되는 뫼비우스의 띠처럼 원인과 결과가 구분이 안 돼 해법을 찾기 어렵다. 이 두 가지 난제가 맞닿아 있는 지점이 바로 지방의 청년유출이다. 청년들의 미래가 부모의 사회적 계급과 어느 지역에서 사는가에 의해 전적으로 결정되는 곳이라면, 그곳에는 청년의 미래도, 공동체의 미래도 없다. "미래를 예측하는 가장 좋은 방법은 미래를 만드는 것"이라는 명언을 떠올리며, 청년들이 어디에서 살든지 꿈을 찾고 꿈을 키울 수 있는 우리나라의 새로운 지도를 함께 만들어가야 한다.

지방의 거점도시가 수축하고, 지방이 소멸하는 비명이 들린다. 한편 코로나19 이후 끝이 없는 글로벌화에서 생산과 소비가 가까운 곳에서 일어나는 지역화로 인해 지역의 가치와 가능성이 새롭게 발견되고 있다. 지금이 국가균형발전을 위한 대대적인 지원을 동시에 과감하게 추진해야 하는 대전환점이다.

청년귀환 프로젝트
서울에서 경험을 쌓은 출향청년들이
유턴할 수 있는 길을 만들다

　　　　　　　　　2020년 청년귀환 프로젝트를 시작했다. 2억 원 예산의 시범사업이었다. 2016년, 2018년 두 차례의 설문조사를 통해서 출향 청년들의 귀향 의사를 확인하였고, 대구로 유턴한 청년들과의 수차례 간담회를 통해서 무엇부터 시작해야 할지 확신하게 되었다.

"우리나라는 어디에서 살든 대중매체를 비롯해서 온통 서울 소식만 듣고 삽니다. 그래도 대구에서 살 때는 가끔은 대구의 새로운 소식을 접하게 되지만, 대구를 떠나면 대구에 대해서는 소식을 영영 접할 수가 없고 점점 잊게 됩니다."

첫 번째는 대구와 다시 관계 맺기를 위해서 일자리 정보 등 대구의 소식을 서울 등 타 시·도에 있는 청년들에게 알려야 했다.

또한 청년들이 다시 대구를 탐방하면서 대구를 재발견하고, 대구에서 새로운 기회를 찾을 수 있도록 하는 것이 우선적으로 필요했다. 두 번째는 취업과 창업의 투 트랙two-track으로 귀향 의사가 적극적인 청년들에게 일자리를 위한 정보와 상담을 제공하는 것이었다.

2020년 8월, 대구의 코로나19 팬데믹 위기관리가 안정이 되었을 때, 대프리카 대구 탐사 프로그램을 실시했다. 대구를 떠났던 출향청년들, 자신의 진로와 접점을 찾아서 대구를 방문한 역외청년들, 대구를 떠나야 하나? 고민 중인 지역 청년들이 80여 명 모였다. 2주 동안 1박 2일에서 4박 5일까지 15명 내외의 소그룹으로 대구의 산업과 문화를 재발견하고, 대구에서 꿈을 키워가고 있는 청년들과 함께 이야기를 나누는 시간도 가졌다. 이 시간은 청년들이 지역에서 사회관계망을 만드는 시간이기도 하다.

'대구기행[취업]편'에는 지능형자동차부품진흥원, 로봇산업진흥원을 방문하고, 지역 강소기업인 스타기업에 근무하고 있는 지역청년들, 지역 공공기관에 근무하고 있는 지역청년들과 직장·직업·삶에 관해 이야기를 나누었다. 대구에 로봇산업진흥원이 있다는 소식을 처음 들은 청년들이 많았다. 로봇산업진흥원에 취업을 희망하는 청년도 있었지만, 로봇 관련 S/W 교육 창업에 관심이 있는 청년도 서울에서 청년귀환 프로젝트 소식을 듣고 참여하였다. 다음 '대구기행[창업]편'에는 대구창조경제혁신센터 등 창업인프라를 살펴보고, 지역에서 창업한 청년CEO와 함께 교류하는 시간을 가졌다.

"청년들 이야기를 들으니까, 가슴이 뭉클합니다." 청년들을 인터뷰한 KBS 김도훈 기자의 소감이다. 그동안 하나씩, 하나씩 추진했던 청년정책이 연결되어서 작지만 좋은 변화를 느낀다. 계속 적극적으로 추진하면 좋은 결과가 분명 있을 거라는 응원의 말도 덧붙였다.

코로나19 팬데믹은 장기화되어 가고 있었다. 2021년 청년귀환 프로젝트는 사업규모를 확대할 수 없는 현실이었고, 실제 탐방 프로그램은 많이 위축되어 진행되었다. 하지만, 코로나19로 인해서 제자리에서 맴돌 수는 없었다. 청년 귀환 온라인 채널은 청년들의 제안으로 '욜로온나' 라는 이름의 SNS로 확대하고 있었지만, 청년들이 대구로 유턴하고, 정착할 수 있도록 실질적으로 지원하는 일자리정책이 필요하였다. 국가균형발전위원회에 국가정책 마련을 건의하는 한편, 우선적으로 행정안전부의 지역주도형 청년일자리정책을 활용하기로 하였다. 청년귀환 경력직일자리 예스매칭 사업을 2021년 전국 처음으로 구상하여 시작하였다. 수도권에서 경험을 쌓았지만, 다시 지역으로 돌아와 일자리를 찾아서 정착하고 싶은 청년들이 있고, 지역 기업들은 이직률이 높은 신입사원보다는 수도권 등에서 경험을 쌓은 경력직 청년을 선호하는 점에 착안하였다. 청년과 일자리의 직·주 불일치 미스매치를 해소하여, 귀환청년과 지역기업에게 모두 도움이 될 것이다.

2020년 하반기에 부산시, 경남도, 경북도의 청년정책부서와 사업계획서를 공유하고 함께 연대하여 추진할 것을 제안하였다. 이후 부산시와 경남도는 동일한 유형으로 사업을 시행하고 있다. 2022년 2월 대한상공회의소가 수도권 이외 지역에 위치한 기업 513곳을 대상으로 「최근 지역경제 상황에 대한 기업인식」을 조사한 결과에 따르면 응답 기업의 68.4%가 지방소멸에 대한 위협을 느낀다고 답했다. 지역 간 불균형 심화로 불안감이 고조된 영향이 있는 것으로 분석했다. 또한 지방소재 기업으로서 겪는 가장 큰 어려움으로는 50.5%가 인력 확보를 꼽았다.[91] 청년 귀환 경력직 일자리 예스매칭 사업이 향후 국가차원의 정책으로 규모가 확대된다면, 지역기업의 인력 확보 문제도 해소하고, 지방으로 이주하는 수도권 청년들의 삶의 만족도도 높아질 것이다.

2021년 4월 〈영남일보〉와 협업으로 '출향청년 다시 대구로! 대구시와 영남일보가 응원합니다' 코너를 운영하였다. 청년이 떠나는 대구가 아닌 청년이 돌아오는 대구가 되길 응원하는 마음으로 대구로 다시 돌아와 꿈을 키우는 8명의 청년들의 이야기를 전하였다.[92]

조정아(33) 씨는 대구 한 광고대행사에서 마케팅 팀장으로 근무하고 있다. 포항에서 태어나 경산에서 대학을 졸업한 그는 취업을

91) 「최근 지역경제 상황에 대한 기업인식」, 대한상공회의소, 2022. 2. 27.
92) 〔"출향청년 다시 대구로! 대구시와 영남일보가 응원합니다"(8)〕, 영남일보, 2021년 4월~6월.

하면서 서울로 떠났다. 대구경북지역 광고업계가 좁다는 생각에 졸업 직전 수도권에서 열린 취업박람회에 참여했고, 서울의 한 광고대행사에 발을 들였다. 규모가 큰 프로젝트를 성공하면 성취감은 컸지만 워라밸과 거리는 멀어졌다. 서울에서 이직도 했었다. 대구에는 결혼을 계기로 돌아왔고, 2년여의 육아기간 이후에 지금의 광고대행사에서 경력을 이어가게 되었다. "대구는 서울만큼 바쁘게 무언가에 쫓기듯 살지 않아도 되는 거 같아요. 서울에서 직장생활을 할 때 경기도에서 한 번 출퇴근한 적이 있는데, 오전 6시에 나왔는데 지옥철을 타야 했어요. 대구는 교통도 편리하고 문화생활이나 각종 인프라도 대도시답게 잘 갖춰져 있는 편입니다."(영남일보, 2021. 5. 26.)

청년들은 지역이 갑갑해서 떠나고, 서울생활이 팍팍해서 돌아온다. 최근 수도권 출향청년의 지방으로의 높은 이주 의향은 놀랍다. 대구출신 청년뿐만 아니라 공공연구기관과 민간의 전국단위 설문조사결과에서도 지방으로의 높은 이주 의향이 확인되었다.

▶ 국가균형발전위원회, 대구경북연구원 연구용역(20.12.)[93]
  - 조사 대상: 수도권 거주 청년 566명

---

93) 「수도권 청년의 지방 이주 정착과 균형 발전」, 국가균형발전위원회·대구경북연구원, 2020년 12월.

- 지방으로 이주 의향 있는 청년 50.2%

- 청년정책 마련 시 지방 이주 의향 있는 청년 69.6%

▶ 2020년 한국지방행정연구원 연구보고서[94]

- 조사 대상: 수도권 거주 청년 1,000명

- 지방으로 이주 고려 청년 58.7%

- 이주 시 희망하는 일자리 형태: 취업 62.0%, 창업 28.2%, 취농 9.8%

▶ 잡코리아 및 알바몬, 뉴시스(20. 9. 4.)[95]

- 조사 대상: 지역별 구직자 1,668명 대상 조사

- 서울 거주 구직자 70.4% 지방 취업 의향

- 지방 소재 기업에 취업 의사가 있는 이유?

 1위) 서울에 비해 낮은 주거비용 등 53.4%

 2위) 치열한 서울생활에서 벗어나고 싶어서 35.9%

 3위) 근무지역을 따지지 않고 취업준비 27.8%

 4위) 지방 기업이 성장기회가 더 많아서 25.2%

 5위) 출신 지역에서 취업하고 싶어서 9.4%

94)「인구감소대응 지자체 청년유입 및 정착정책 추진방안」, 한국지방행정연구원, 2020년 12월.
95) 서울 거주 구직자 70.4%, "지방 취업도 괜찮다", 뉴시스, 2020. 9. 4.

대구시는 2022년부터 청년 귀환 프로젝트를 패키지정책으로 확대하였다. 청년 귀환 채널 구축·운영을 위해 4억 원으로 두 배 증액하고, 창업·정착 지원 오디션 개최로 창업 트랙을 강화하였다. 또한 디지털 노마드의 대구 귀환 탐방 프로그램도 새롭게 추진하고, 수도권 출향 청년을 대상으로 지역 유턴 현장 설명회를 대구·경북이 서울에서 함께 개최하기로 합의하였다. 이를 위한 협력관계를 구축하기 위해 서울시를 방문하고, 청년귀환을 위해 대구시 청년센터, 대구창조경제센터, 그리고 비영리 공익법인인 청년재단이 상호 업무협약도 체결하였다.

청년들이 지역을 떠나는 시점은 대학을 가거나 첫 직장에 들어갈 때이다. 대부분의 청년들이 지역의 산업·문화에 대한 이해가 높지 않은 상태에서 지역을 떠나기 때문에 청년귀환 프로젝트를 통해서 지역을 다시 돌아보고, 지역에서 꿈을 찾는 기회를 다시 가질 수 있다. 청년귀환 프로젝트 정책을 발전시킨다면 향후 국가균형발전, 청년일자리, 청년인구유출 문제를 해결하는 모델이 될 것으로 기대한다.

청년이 떠나가는 도시에서 청년이 돌아오는 도시를 만드는 것은 불가능해 보이는 임무, 미션 임파서블mission impossible인가? 하지만, 불가능해 보이는 난제難題를 직면할 때 우리의 가슴은 더 뛴다. 우리 모두가 한 팀이 될 때, 불가능(IMPOSSIBLE)을 가능(I' M POSSIBLE)으로 바꿀 수 있다.

청년이 미래를 바꿀 시간

정책을 넘어서 청년희망공동체로
청년정책의 담장을 넘어서
지역사회와 연대로 청년의 미래를 함께 열어가다

도시는 사람을 키우고, 사람은 도시의 운명을 바꾼다. 어떤 도시가 희망이 있는가? 청년과 지역이 함께 희망을 키우는 곳이다.[96] 대구는 2019년 12월 19일 청년희망공동체 대구를 선언하였다. 지역사회가 청년과 함께 밝은 미래를 열어가자는 전국 최초의 사회적 협약이다. 오후 6시부터 시작된 선포식은 청년, 기업, 시민사회 등 200여 명이 참석한 가운데 세대공감토크와 청년희망공동체 대구 조성을 위한 협약 선언으로 진행되었다.

---

96) 김요한, "[기고] 청년희망공동체로 나아가야", 매일신문, 2020. 1. 19.

청년희망공동체 대구 선포식은 인구와 산업구조의 변화로 미래를 위협받고 있는 가운데 지속가능한 지역발전을 위하여 청년이 마음껏 도전하고 도약할 수 있는 환경을 만들어야 할 시급성에 공감하고, 공동체 차원의 사회적 역할 선언과 이행 노력을 공유하고자 하는 자리였다.

청년희망공동체 대구 사회적 협약은 하루아침에 행사로 만들어질 수 있는 것이 아니다. 대구광역시 청년위원회 구성(2015. 2. 16.)을 기초로 대구광역시 청년정책TF(13개 부서 18개 팀) 출범(2016. 2. 16.), 민·청·관 협업TF(5개 분과 82명) 구성(2018. 3. 29.)으로 도시차원의 범사회적 소통·협업체계를 구축해 왔다. 또한 청년축제, 청년수당, 청년 보장제 등 청년과 전문가, 시민들이 함께 청년이 겪는 어려움을 소통하며 풀어보는 청년정책 공감토크를 2017년부터 7회 개최하는 등 청년을 중심으로 민간과 함께 청년정책에 대한 인식을 공감하고, 지속적으로 소통하고 있었기 때문에 가능한 것이었다.

청년희망 도시공동체 어떻게 만들 것인가? 2019년 8월 29일 청년을 중심으로 민·청·관이 함께 소통하는 청년희망 공감토크 시간을 가졌다. 60여 명이 일자리·창업·문화예술·생활안정·대학협력을 주제로 다른 입장 간, 다른 분야 간, 다른 세대 간에 소통이라 더 의미가 크다. 다른 입장, 다른 세대, 다른 경험이 만나는 것은 누구에게나 부담스러운 일이다. 하지만, 만나야 한다. 아니 만나야 했고, 그동안 만나고 또 만났다.

좋은 변화, 실질적 변화, 살아있는 변화, 지속가능한 변화를 위해서는 공감과 연대가 생명이다. 그 시작은 소통이다.

소통은 부딪힘(충돌)으로 시작해서 맞울림(공명)으로 나아간다.

충돌을 피하면, 공명도 없다. 연대는 다름의 충돌과 공명의 산물이다.

청년정책을 하면서, 우리 사회가 직면하고 있는 교육, 일자리, 부동산 등의 구조적인 모순과 어려움을 직면하게 된다. "90년생이 온다."라는 세대담론은 이제 "불평등의 세대"로 간극이 갈등으로 점화되어 가고 있었다. 더더욱 소통과 협업이 필요한 시대이다. 소통을 해야 공감, 연대 그리고 협업이 작동한다. 그래야 정책도 변화고, 우리 스스로의 생각과 행동도 변한다. 이로써 우리의 생활과 도시공동체의 내일도 바꿀수 있다.

청년희망공동체 대구 선포 이후, 2020년부터 청년희망공동체 협업회의를 키움(일자리), 세움(창업), 배움(인재양성), 돌봄(주거·복지), 해봄(참여·권리·문화) 5개 분과로 구성하여 청년의 삶 관점에서 사회주체별 실천과제를 발굴하고 실행하며, 사례를 확산하는 역할을 하고 있다.

청년희망공동체 대구는 이미 여러 곳에서 움트고 있었다. 한 신문사는 청년이 선호하는 조직문화를 가진 청년응원기업을 발굴하고, 기업의 임직원들은 청년들의 진로탐색과 취업준비를 위한 1:1 맞춤상담을 위해 나섰다. 지역의 라디오채널인 대구가톨

릭평화방송(cpbc), 대구교통방송(TBN)은 청년응원라디오로 나섰다. 청년들에게 본인의 삶과 도전을 이야기할 수 있는 기회를 제공함으로써 청년들의 꿈을 응원해 주었다. 참여한 청년들은 우리 공동체에 대한 소속감과 따뜻한 격려를 느꼈다고 한다.

한국의 90년대생은 공무원을 선택하고, 중국의 90년대생은 창업을 선택한다. 중국의 창업 문화에 주목할 만한 점이 있다면 성공한 선배 기업가가 창업을 준비하는 후배들을 지원해 주는 문화가 있다는 것이다. 중국 청년들의 롤 모델인 알리바바 마윈 회장이 대표적이다. 중화권에 100만 창업자를 양성하겠다는 원대한 목표를 세우고 창업사관학교인 후판대학을 설립하였다. 중국의 민간 기업들이 후배들을 이끌어 주는 이유는 공동체주의 때문이다.[97]

'그래도 우리는 해냈다! Nevertheless We made it!' 지난 2020년 11월 6일 대구청년정책네트워크 최종 공유회 행사의 슬로건이다. 청년들의 자긍심에서 나온 한 목소리, 한 문장이다. 코로나19 속에서도 비대면 방식을 실험하면서 학습과 교류, 토론과 정책제안의 과정을 끝까지 모두 잘 마쳤다.

코로나19를 극복하면서 대구청년들의 언어가 바뀌었다. 어차피, 하는 냉소 어린 체념의 언어가 아니라 그래도, 그럼에도 불구

97) 김요한, "[기고] '그래도' 대구의 청년정신에 투자합시다!", 매일신문, 2021. 1. 24.

하고의 역경을 뚫고 다시 일어서는 반전의 언어로 바뀌었다.

오늘을 살아가는 대구청년들의 빛나는 청년정신이다. 언어는 사람의 생각과 행동을 지배한다. 언어를 바꾸면 공동체의 문화와 운명도 바꿀 수 있다.

이스라엘 투자유치 설명회에서 가장 많이 듣는 단어가 있다고 한다. 히브리어 '다브카Davca', 우리말로는 '그럼에도 불구하고'라는 의미다. 한계를 극복하는 돌파력과 노하우를 반드시 보여준다는 뜻이다. 2006년 레바논과 전쟁 중인 이스라엘에 워런 버핏은 미사일 공격이 빗발치는 시점에 50억 달러의 투자를 결정했다. "우리는 이스라엘 땅에 투자하는 것이 아니라 이스라엘 젊은 이들의 다브카에 투자한 것이다." 당시 워런 버핏의 투자 이유다.

2020년 12월 23일 '그래도 우리는 함께 해냈다!'라는 슬로건으로 청년희망공동체 사례 공유회를 개최하였다. 2019년 12월 19일 지역사회와 청년이 함께 밝은 미래를 열어가자는 사회적 협약에 대한 이행이었다. 청년정책을 마중물로 지역사회가 공동체 차원에서 협업한 사례는 매년 사례집으로 간단히 스토리를 모으고 공유하고 있다. 2021년도에는 29개의 사례를 발굴하여 공유하고 확산하였다.

청년들이 겪는 사회문제는 어느 한 순간, 어느 한 지점이 아니다. 따라서 기업, 대학, 공공기관, 언론, 시민사회, 지자체 등 모두가 이를 위해 가지고 있는 유·무형의 자산을 씨줄과 날줄로 연결하고 투자해서 청년희망공동체라는 사회적 얼개를 짜야 한다. 이것이 지역사회와 청년이 함께 밝은 미래를 열어갈 수 있는 유일한 길이다. 청년들도 스스로가 삶의 주체이자 공동체의 미래를 실현하는 주역임을 인식해야 한다.

코로나19와 청년희망공동체
사회적 위기를 사회적 연대와 결속을
강화하는 기회로 만들어 내다

모든 위기는 기회이다. "좋은 위기를 헛되이 보내지 마라." 처칠의 말이다. 위기가 좋을 수 있겠냐마는 우리의 태도와 행동에 따라 전화위복轉禍爲福이 될 수 있음을 의미할 것이다. 태풍, 홍수, 지진과 같은 자연재해나 감염병 같은 사회적 재난은 개인의 생명과 재산을 앗아가고, 공동체의 혼란과 갈등 그리고 분열을 초래하기도 한다. 위기는 반드시 극복해야 하는 절체절명의 과제이다. 위기 앞에 개인은 더 단련되고, 사회는 더 연대하고 결속함으로써 위기를 극복한다. 위기를 극복할 때는 우리가 위기를 마주하는 태도가 중요하다.

코로나19의 폭풍이 2월 18일 대구를 강타했다. 하루에도 수백 명씩 쏟아지는 확진자로 병원은 금방 수용치를 넘었고, 응급실은 마비되었다. 길 위에서 운명을 달리하는 시민의 안타까운 소식이 모두의 가슴을 할퀴었다. 이성구 대구시 의사회장의 호소문에 생명을 존중하는 히포크라테스 선서의 선·후배 형제로서 전국에서 의료진들이 달려와 주었다.

위기가 왔을 때, 우리는 무엇을 할 수 있을까? 내가 지금 할 수 있는 일들은 없을까? 의료진들이 병원과 선별진료소로 달려올 때, 연예인들이 거액의 성금을 기탁할 때, 많은 시민들이 비슷한 생각을 하고 있었을 것이다. 여러 단톡방에서 "#힘내라 대구", "#힘내라 대구경북"이라는 메시지가 확산되기 시작했다. 응원의 메아리가 아니라 실질적인 참여가 필요했다. 많은 사람이 실제 참여할 수 있는 행동이 무엇이 있을까? 책으로 마음 잇기라는 캠페인으로 청년희망공동체 대구에 함께했던 시민들이 이심전심으로 생각을 모았다. 코로나19 극복을 위한 소액성금 캠페인을 시작해 보자는 제안이었다. 누구나 참여할 수 있고, 누구나 쉽게 기억할 수 있는 질병관리본부 콜센터 번호를 이용해서 1,339원 소액성금 캠페인을 사회관계망서비스(SNS)로 추진하는 것이었다.

일전에 청년센터 특강으로 만났던 빅아이디어연구소도 헌혈 이미지를 활용한 캠페인 포스터를 만드는 재능기부로 참여하였다. 희망브리지 전국재해구호협회에서 27일 "BTS 슈가가 코로나19 예방 및 피해 복구를 위해 고향인 대구에 1억 원을 기부했다."는 언론보도가 나왔다. 캠페인 아이디어에 청년들은 바로 공감했고, 대구청년들이 주도적으로 캠페인을 전개하여, SNS를 통해서 급속도로 확산되었다.

이 캠페인은 대구청년정책네트워크, 대구청년센터, 포럼창조도시, 빅아이디어연구소, WEsdom인생학교, 용학도서관, ING캠퍼스, 도서출판학이사, 시인보호구역 등 9개 단체가 먼저 시작하였다. 코로나19 극복 1,339원 국민성금 캠페인은 3.1운동을 기념하는 국경일인 3월 1일 시작되었고, 3월 한 달 동안 전국적으로 5만 5천여 명이 동참하였다. "이런 1339 캠페인이 SNS의 순기능이라 생각한다. 적은 금액이지만 많은 사람들이 모이면 큰 힘이 될 것이다. 많은 사람들이 동참했으면 좋겠다."[98] 대한민국 정책브리핑(2020. 3. 18.)에서도 SNS를 캡처한 사진을 보여주고, 1339 캠페인의 파급력을 언급할 정도로 3월 한 달 동안 인스타그램에서 청년들의 소액성금 인증샷을 쉽게 볼 수 있었다. 코로나19 극복을 위해서 작은 것이라도 직접 참여할 수 있었다는 데에서 모두들 자부심을 느꼈으리라 믿는다.

한쪽에서 청년들이 소액성금 캠페인을 준비하고 있을 때, 다른 한쪽에서는 칠성시장 야시장 청년들이 코로나19와 맞서 싸우는 의료진을 위한 도시락 기부에 나섰다. 칠성야시장에서 만난 좋은 사람들 봉사팀이 2월 29일 대구의료원 의료진을 위해 저녁 식사 200인분을 기탁했다. 이후로 많은 곳에서 도시락 기부가 이어졌고, 카페 라일락뜨락1956의 커피폭탄 기부 등 다양한 방법으로 시민의 동참이 이어졌다.

---

98) "[고맙습니다] 1,339원 기부에 동참하는 청년들", 대한민국 정책브리핑, 2020. 3. 18.

"할 수 없는 일을 해낼 때가 아니라, 할 수 있는 일을 매일 할 때 우주는 우리를 돕는다." 지난 책으로 마음 잇기 행사에 초청한 김연수 작가의 책 『지지 않는 말』에 나오는 한 문장이 떠오른다. 책으로 선배세대와 청년세대를 이어주는 책으로 마음 잇기 캠페인[99]은 2019년도부터 2021년도까지 SNS로 진행되었다. 참여한 지역선배들의 책은 청년들을 위해 대구청년센터 다온나그래에 비치되고, 청년들에게 제공되고 있다. 2018년도에 페이스북으로 청년들에게 책을 선물해 주는 실험적인 이벤트를 했었는데, 시민 독서운동을 펼치고 있는 도서출판 학이사(대표 신중현)와 책 읽는 사람들에서 크게 공감해 주고, 책으로 마음 잇기 행사를 개최하면서 확산되고, 지속적으로 진행하게 되었다.

대구시청년센터는 대구시민들의 심리방역을 돕는 콘텐츠 개발이라는 주제로 1339청년히어로 청년창작커뮤니티지원사업을 공모해 모두 7팀, 33명의 청년을 선정했다. 청년 3인 이상으로 구성된 이들 팀에는 지난 5~6월 두 달간 최대 500만 원의 콘텐츠 개발비가 지급됐다. 청년들의 창작결과물은 영상, 음악, 수필집, 조형물 등 다양한 형태로 탄생하여 시민들의 지친 일상으로 다가갔다. 코로나19로 지친 청년, 시민들의 일상을 위로하면서도 코로나19 직격탄을 맞은 청년예술인과 프리랜서들에게 일거리를 제공하는 목적을 동시에 추구하였다.

---

99) "책으로 마음 잇자" 대구서 100일간 독서 챌린지, 영남일보, 2019. 4. 24.

대부분의 청년예술가들과 문화예술분야 프리랜서 청년들은 모든 공연과 전시 일정이 취소됨에 따라서 일거리가 하루아침에 사라져서 생계위기에 봉착하기도 했다. 정부의 코로나19 긴급고용안정지원금으로 4월 중순부터 특수형태근로자, 프리랜서에 대해서 월 최대 50만 원 3개월까지 지원이 시작되었지만, 그들에게는 창작활동을 계속 할 수 있는 기회와 일거리도 중요했다. 코로나19의 고용쇼크는 생활서비스 자영업에서 중소제조업, 그리고 대기업으로 확산되고 있었다.

통계청의 2020년 1/4분기 임금근로 일자리동향에 따르면 30대 일자리가 4만 7,000개, 20대 이하 일자리가 1만 3,000개 감소했다. 통계청의 2020년 6월 고용동향에 따르면, 핵심취업계층인 25~29세 실업률이 10.2%로서 관련 통계가 작성된 1999년 6월 이후 역대 처음으로 10% 선을 넘었다. 경영환경이 불투명해진 기업들은 대규모 공채계획을 취소하고, 소규모 수시채용방식으로 전환하고 있으며, 코로나19로 인한 경제봉쇄(lock down)로 해외취업의 길까지 막히면서, 올해 졸업했거나 졸업을 앞둔 코로나세대가 IMF세대보다 더 혹독한 시간을 보내고 있었다.

대구시는 코로나19 여파로 취업절벽에 직면한 지역 청년 1만 명에게 10만 원 상당 모바일 상품권을 지급하는 코로나19 극복 미취업청년 응원상품권 지원사업을 2020년 5월 28일 실시하였다. 청년들이 사회진입 활동을 위한 경비로 쓸 수 있는 문화상품권 지급과 함께 청년들의 다양한 진로탐색을 지원하기 위한 온라인 라이브특강(10회) 기회도 마련하였다. 소요 재원 10억 원은 대한적십자사 대구지사와 함께 지역사회 기부금을 활용해 마련했다.

처음부터 기부금을 생각한 것은 아니었다. 예산부서, 재난부서 등 몇 차례 미팅 끝에 마지막으로 문을 두드린 곳이었다. 지난 4월 1차로 6,600억 원 규모의 추경예산을 만들어 저소득층, 자영업자, 소상공인 등 64만 세대에 긴급생계자금을 지원하면서 청년들을 위한 별도의 대구시 예산을 마련하기는 불가능한 상황이었다. 기부금을 활용하는 것도 처음에는 고정관념의 벽에 부딪혔다. 지원사례가 있나? 청년층이 기부의 대상인가? 하는 원론적인 질문도 있었다. 취업을 위한 시험 등 채용관련 일정이 취소되고, 어디 한 곳 지원할 곳도 없는 코로나세대의 절박함과 고용쇼크를 통계로 제시했다. 무엇보다 지난해 12월 19일 지역사회가 청년과 함께 청년이 겪는 사회문제를 해결해 나가자는 청년희망공동체 대구 조성을 위한 사회적 협약을 맺고 선포식을 개최한 것이 기부금 활용의 명분과 지원근거가 되었다.

청년센터, 청년과 공동체를 잇다

청년정책의 두 번째 산,

청년의 삶과 공동체를 잇다

대구시는 2016년 청년정책 원년으로 청년 대구 건설을 선포하고, 대구광역시 청년 기본 조례 (2015. 12. 30.)에 근거하여 7월 20일 청년센터를 개소하였다. 대구청년센터는 "청년의 삶 속으로 더 가까이"라는 슬로건하에 청년들의 소통·교류·협업의 플랫폼 역할을 하고 있다. 주요 사업은 청년정책지원, 청년활동지원, 청년성장지원, 청년홍보지원, 청년공간지원 등이다.

대구청년센터는 청년정책의 태동기에서 성장기를 거치면서, 정책환경의 변화와 청년과 지역의 기대에 맞추어 그 역할도 진화하고 있다. 설립 초기에는 청년활동의 거점 역할에 전념하였고, 이후 2019년부터 본격 시행한 대구형 청년보장제의 체계적인 맞춤형 지원사업을 수행하면서 청년들을 위한 지원 플랫폼 역할로 성장하였다. 2019년 12월 19일 청년희망공동체 대구 사회적 협약 이후에 지역사회와의 소통과 협업이 확대되면서 현재는 청년의 삶과 공동체를 잇는 가교 역할과 청년정책의 거점기관으로 도약하고 있다.

대구청년센터는 전국 청년센터 중에서 선두주자로 청년커뮤니티 활성화 프로젝트 다모디라, 청년학교 딴길, 청년사업장-청년

잇기 예스매칭, 청년 상담소 등 청년들에게 톡톡 튀는 효능감이 높은 사업들을 중심으로 전국의 벤치마킹 대상이 되었다. 청년들이 주체적으로 참여함으로써 지역사회에서 사회관계망과 청년 네트워크를 만들어 나가는 긍정적인 효과가 입소문을 타면서 이를 배우기 위해 타 지방정부를 비롯한 청년중간지원기관, 청년단체들의 방문기관이 매년 늘어나고 있다. 19년 한 해만 32개 기관이 대구시와 대구시 청년센터를 방문해 기관 운영 현황과 현재 추진 중인 사업에 관심을 보였다. 2020년 제1회 청년의 날에 대구시에서 추천한 오창식 대구시 청년센터 본부장이 포장을 수상했다. 청년센터 구축 초기부터 청년정책 현장을 뛰어다니고 어려운 자리를 지켜온 노고에 대해 진심으로 축하할 수 있어서 기뻤다.

정책의 수혜자인 청년들이 공감하고 참여할 수 있도록 오프라인에서는 청년센터 3개 거점공간(활동그래, 공감그래, 다온나그래)을 통해서 온라인에서는 청년커뮤니티 포털 젊프(dgjump.com)를 통해 정책의 홍보와 접근성을 높여 나가고 있다. 청년커뮤니티 포털 젊프는 2018년 6월 22일 오픈하였다. 2019년도 1분기 방문자 78,116명 대비 2분기 방문자가 31,849명 증가(40% 증)한 109,965명의 이용현황을 나타내며 청년정책 안내 및 청년 유입을 위한 정책 전달 체계로 조기에 자리매김하였다.

젊음을 점프하다의 의미가 담긴 젊프는 일반 청년 개인과 청년 동아리, 청년단체, 공간, 청년사업장 등이 스스로 소통·교류·협업할 수 있도록 지원하는 커뮤니티 플랫폼으로서, 한 사람에 의해 만들어지는 것이 아니라 다양한 청년이 함께 성장하고 희망을 향해 점프하기를 바라는 온·오프라인 연결 공간이다.

대구시와 대구시청년센터는 청년들이 지역민들과 함께 다양한 활동을 통해 사회문제를 해결하는 2021년 청년공동체 활성화 사업 최종공유회를 10월 21일 대구청년센터 다온나그래에서 개최하였다. 청년공동체 활성화 사업은 2021년 처음으로 행정안전부의 국비지원으로 시행한 사업이다. 청년들의 활동 지원을 통한 청년역량 강화, 지역자원과 연계한 활동으로 청년들의 지역 정착을 돕고 지역사회에 활력을 불어넣기 위해 마련됐다. 청년단체들은 약 8백만 원의 활동비를 지원받고 7개월간 지역사회와 연계해 다양한 활동을 하였다.

사업에 참여한 청년공동체 10개 팀 활동 내용은 •뇌전증 환우, 위기 청소년 등과 모임하고 그림책(우화) 제작 •소외계층 청소년의 예술 진학 상담 및 뮤지컬 공연 •니트 청년들의 신체·심리 건강증진 커뮤니티 활동 •커피산업분야 청년 정착 사례 발굴과 매거진 제작 •독서 기반의 지역문화 활동 및 네트워킹 •청년 창작자 활동기반 조성 온라인 플랫폼 구축 •건강장애(백혈병 소아암) 경험 청소년 사회적응 문화활동 등 멘토 지원 •대구·경북지역의 청년 예비 소셜벤처가 육성 교육 및 포럼 개최 •장애 청년과 비장애 청년 함께하는 문화예술활동 등이 포함됐다.

참여팀 중 빛 237은 다문화가족과 지역주민과의 네트워크 형성 및 사회관계망 강화를 위해 지역주민 대상 중국어·러시아 등 외국어 교실, 다문화 자녀를 위한 과학·미술 프로그램, 지역주민과 함께하는 축구교실, 다문화가족 신문을 비치하는 등 다문화가족에 대한 인식개선과 지역사회 통합을 위한 다양한 활동을 펼쳤다. 이 중 따뜻한 시선은 뇌전증 청년, 위기 청소년 등 다양한 고민을 가진 청년들의 자조 모임을 통해 그림책 제작, 전시회 등의 활동을 펼쳐 행안부의 우수공동체로 선정돼 행정안전부 장관상을 수여하기도 했다.

청년공동체 활성화 사업은 청년들이 기획하고 주도해 지역주민들과 함께 다양한 사회활동을 함으로써 코로나19로 침체된 지역사회에 활기를 불어넣고 이를 통해 청년들은 지역에 대한 소속감과 자부심을 키울 수 있는 계기가 되었다.

2021년 4월 말부터 대구시와 대구청년센터는 SK브로드밴드와 '북멘토' 코너를 운영하였다. 청년희망공동체 조성을 위한 책으로 마음잇기 취지가 참 좋아서 SK브로드밴드의 우성문 기자가 응원하는 마음으로 소통하고 협업하게 되었다. 청년센터의 청년 기자와 지역 선배의 진행으로 청년들을 위해 책을 소개하고, 청년센터에 기부하는 프로그램이다. 첫 시작으로 데이비드 브룩스의 『두 번째 산』을 소개하였다. 『두 번째 산』을 읽으면서 시장의 실패와 국가의 한계를 채워줄 공동체의 회복을 위한 작은 승리가 중요함을 다시 한번 느꼈다.

공동체의 붕괴는 우리 대 그들이라는 대결 구도를 만들고, 사회적 갈등을 심화시킨다. 사회적인 위기를 해결하는 길이 곧 개인이 겪는 사회문제를 해결하는 길이다. 공동체의 회복은 바로 관계의 회복, 사회적 연대와 결속에서 시작한다.

미래산업과 지역혁신인재양성

휴스타HuStar, 미래산업육성과 인재양성,
그리고 지역발전의 선순환

지역대학에서 배출된 인력이 지역에 정착하지 못하는 원인은 여러 가지가 있으나, 청년들이 원하는 첫 일자리를 지역에서 구하지 못하기 때문이다. 지역교육과 지역산업의 미스매치다. 지역대학에서 배출한 인력이 원하는 일자리와 지역산업이 제공하는 일자리가 다르기 때문이다. 대구의 경우, 2년제 전문대 졸업생의 취업률은 7대 특·광역시 중에서 매년 1~2위를 차지하는 반면, 4년제 대학졸업생의 취업률은 그 반대다. 저부가가치의 중소 제조업 중심의 지역산업구조에 기인한다. 이러한 구조적인 문제를 해결하기 위한 목소리와 고민, 다양한 작은 시도들은 10년 이상 지속되었다.

대구는 지역교육과 지역산업의 미스매치를 해소하기 위하여 먼저 지역산업의 구조고도화를 추진하였다. 본격적인 정책추진은 2004년 국가균형발전 5개년 계획에 근거하여 참여정부에서 추진한 지역전략산업진흥사업이다. 이후 2008년 MB정부의 5+2 광역경제권 선도산업육성사업과 로봇산업 클러스터, 대구경북 첨단의료복합단지, 물산업 클러스터 등 국책사업이 지역미래산업 육성의 밑거름이 되었다.

2020년 대구의 미래산업육성 이정표인 미래형자동차, 로봇, 물, 에너지, 의료와 스마트시티를 추가한 5+1 미래산업은 지난 15년간의 지역산업정책을 통해서 현재의 모습을 갖추게 되었다. 하지만, 인재가 양성되지 않고, 인재가 정착하지 않는 미래산업의 미래는 없는 것이다. 어떻게 하면 지역의 인재를 지역의 새로운 미래성장동력으로 유입시키고, 지역에 정착시킬 것인가? 이 깊은 고민에서 2019년 3월 시작된 것이 대구경북혁신인재양성사업, 소위 휴스타Hustar 프로젝트다.

대구시와 경상북도는 전국 최초로 로봇, 물, 미래형자동차, 바이오, 에너지, 의료, AI·SW, ICT 등 8대 미래신성장 산업에 대한 기업수요 맞춤형 혁신인재 양성과 지역정착을 위해 1단계인 2022년까지 혁신인재 3,000명 양성·정착을 목표로 대경혁신인재양성프로젝트(HuStar)를 추진하였다. 휴스타HuStar는 지금까지 중앙정부 주도로 추진되었던 인재양성사업과는 달리 지방정부가 주도해 지역대학, 지역연구기관, 지역기업과 함께 기업수요에 맞는 혁신인재를 길러내고 이 인재가 지역에 정착해 기업의 성장을 주도하는 선순환 구조를 만들어 내는 데 목적이 있다. 프로그램은 크게 졸업생을 위한 혁신아카데미와 재학생을 위한 혁신대학으로 구분된다. 혁신아카데미는 총 8개월 과정으로 대학연구소 및 지역연구 지원기관이 중심이 되어 대학원 수준의 현장실무 교육(5개월)과 기업인턴근무(3개월)를 연계해 운영한다. 혁신대학은 로봇, 물, 미래형자동차, 의료, ICT 분야의 혁신대학을 선정, 대학과 기업이 공동으로 교육생 선발, 교육과정 설계, 교육 운영, 취업연계를 진행한다. 휴스타는 지자체를 중심으로 미래신성장산업 분야별 대학, 연구기관, 기업의 협력에 의하여 운영되는 만큼, 대경혁신인재양성프로젝트(HuStar) 추진단(단장 서정해 경북대 교수)을 대구테크노파크에 설치하여 총괄 지원하였다.

2018년 8월 14일로 기억한다. 당시 일자리노동정책과 주무팀장이 청년정책과 사무실로 급히 찾아왔다. 대통령 주재 간담회 관련 일자리정책에 대한 지자체장의 발표를 준비하고 있는데 청년정책과와 함께 준비하라는 시장님의 지시였다. 내일 초안을 시장님께 보고 드려야 한다는 급한 상황이었다. 8월 30일 문재인 대통령이 주재하는 제1차 민선 7기 시도지사 간담회가 청와대에서 '대한민국 일자리, 지역이 함께 만들겠습니다' 라는 주제로 예정되어 있었다. 그동안 고민했던 지점들을 집중해서 생각을 정리했다.

산학협력 생태계 조성, 미래 신산업 인재양성, 대학과 도시의 상생 추진이라는 세 가지 과제를 크게 담았다. 미래 신산업 인재양성 과제에서는 5+1 미래 신산업분야에서 지역대학과 지역기업의 연계를 통한 청년들의 현장인턴과 고용연계방안을 간략히 제시하였다. 당일 식사를 하지 못한 채 사무실에 있던 떡으로 허기를 면했었는데, 식체食滯로 사흘을 고생한 탓에 당시 기억이 아직도 생생하다.

8월 28일, 청와대 간담회 발표 준비와 관련하여 시장님을 뵙고, 29일 오전 시청 별관 3층 회의실에서 혁신인재양성사업 추진에 관한 시장 주재 관련 부서장들의 내부회의가 처음으로 개최되었다. 정책의 우선순위, 추진 방법, 경상북도와 공동추진 가능성 등을 토의하였다.

8월 30일, 문재인 대통령 주재 제1차 민선 7기 시·도지사 간담회에서 권영진 시장은 5+1 미래 신산업 육성을 통한 청년일자리 1만 개 등 대구형 청년일자리정책을 통한 1만 5천 개 일자리 창출 목표를 제시했다. 또한 내년부터 대구와 경산권 16개 대학과 손을 잡고 5대 신산업 분야 맞춤형인재양성사업을 추진할 계획이라고 발표했다.

휴스타HuStar 추진계획(안)은 2018년 9월 18일 미래신산업 성장의 핵심인 혁신인재 양성을 위해 권영진 대구시장과 이철우 경상북도지사가 공동으로 추진한 지역혁신인재양성 협업 선포식으로 본격적으로 구체화되었다. 당일에는 대구경북지역 18개 대학, 대구경북지역 각 상공회의소, 대구경북테크노파크, 기업 12곳, 10개 연구지원기관 등이 참여했는데, 대부분 빠짐없이 발언을 통해서 현장의 애로를 토로하고, 적극적인 참여의지도 피력했다. 선포식 이후 주무부서인 대구시 혁신성장정책과를 중심으로 대학, 기업, 학생, 전문가 등 다양한 참여 주체들과 50회 이상 설명회를 갖고 의견수렴을 통해 마련되었다.

정책은 결코 하루아침에 만들어지지 않는다. 2019년 3월 프로젝트가 본격적으로 시행되기까지 지자체의 관련 부서뿐만 아니라 수많은 참여자들의 고민과 발품은 짐작이 되고도 남는다. 권영진 시장은 민선 6기 출범 때부터 지역대학의 역할을 중요하게 다루고 있었고, 2018년에 대구경북연구원에서 산·학·연·관 협업체계 구축 등을 통한 미래산업육성 등을 중심으로 지역대학 발전에 관한 연구용역도 이미 수행 중이었다. 하지만, 정책은 그 필요성과 절박함이 물이 끓어서 기체가 되듯이 어느 특정한 임계점(Critical point)에 도달했을 때, 상호작용의 접점에서 변화가 촉발되는 전환점을 맞이하게 된다.

지역대학 발전에 관한 연구용역과 혁신인재양성 프로젝트 기획 초기에 자문역할을 하면서 도움이 되었던 책이 있다. 대학과 도시의 상생발전에 뜻을 함께한 전국 여러 지역의 대학 총장 16인과 단체장 7인의 귀중한 제안과 포스텍 박태준미래전략연구소 연구원들이 쓴 에세이를 모은 『유니버+시티-대학과 도시의 상생발전』이다. 권영진 시장에게도 휴가에 읽을 책으로 권해드렸는데, 훗날 지역과 지역대학의 상생 관련 이야기를 나누는 자리를 통해서 일독을 했다는 느낌이 들었다.

2018년 10월 세계 최고의 일-학습 병행 교육시스템을 운영하고 있는 바덴-뷔르템베르크 주립대학을 방문한 유럽출장도 도움이 되었다. 독일 대학 담당자는 2019년 11월 말 창조도시 글로벌 포럼에 초청하여 일-학습 병행시스템을 지역에 다시 한 번 공유하고, 상호협력을 위한 MOU까지 체결하였으나, 이후 코로나19 팬데믹으로 교류협력을 진전시키지 못하였다. 연구와 교류가 더 필요한 시점에서 아쉬움이 컸다.

휴스타 프로젝트가 추진되면서부터, 권영진 시장의 특별한 관심으로 우리 지역의 추진의지가 더욱 높았던 만큼 전국적으로 언론의 주목을 많이 받았다. 2019년 8월 교육부는 대학혁신지원방안을 발표했다. 대학을 지역혁신의 주체로 보고 지자체 및 지역사회와의 협력을 강조한 것이다. 수도권으로의 청년유출로 인해 지역의 혁신역량까지 위축돼 지역발전이 정체되고 있는 비수도권 지방의 현실을 극복하기 위한 방안으로 지역대학이 가진 인적·물적·지적자원을 활용하기로 한 것이다.

교육부는 2020년 1월 20일 지자체와 지역 대학이 기획·실행하면 중앙부처가 지원하는 대학 중심 지역혁신 지원사업으로 새롭게 추진하는 지자체-대학 협력기반 지역혁신 사업(RIS 사업) 기본계획을 발표했고, 20년 7월 경남과 충북, 광주·전남의 지역혁신 플랫폼이 선정됐다.

2022년 4월 18일 2022년 지자체-대학 협력기반 지역혁신사업(RIS) 공모에 신규 대상자로 대구·경북 플랫폼(복수형)과 강원(단일형)이 최종 선정됐다. 5년간 3,316억 원이 투입되는 대구시와 경북도가 공동으로 참여하는 복수형 플랫폼으로, 총괄대학인 경북대와 중심대학인 영남대를 비롯해 지역 23개 대학과 대구·경북 테크노파크 등 14개 지역 혁신기관·연구소, 200여 개의 지역기업들이 참여한다. 전자정보기기와 미래차 전환부품을 중심으로 맞춤형 인재양성과 지역정착, 지역특화 선도제품 기술개발, 기업혁신 지원 등이 추진된다. 특히 산업 맞춤형 인재양성을 위해 공유대학인 대구경북혁신대학을 설립하고, 핵심분야별 융합전공을 신설해 교육과정과 학사구조 개편, 교차수강, 교수학생교류 등의 대학교육혁신 추진으로 연간 1,100명의 지역혁신인재를 양성한다.

대구경북의 RIS 사업은 2020년 이후 세 번째 도전 만에 선정이 된 것이다. 2021년 두 번째 도전에도 선정이 되지 않았을 때, 내부의 실패 원인에 대한 면밀한 검토가 필요하다는 목소리도 있었지만, 정부의 지역균형발전 의지를 비판하거나 지역의 서글픈 현실을 토로하는 칼럼이나 기고가 잇따를 정도로 중앙과 외부의 지역에 대한 인식과 평가가 부족한 부분도 있었던 것으로 판단된다. 특히 교육부 RIS 사업의 벤치마킹 모델은 대경혁신인재양성 프로젝트(휴스타)이었기 때문이다. 이러한 과정에서 지자체, 대학 등 핵심 관계자들의 마음고생도 이만저만이 아니었을 것으로 짐작된다. 세 번째 도전의 결실은 여러 어려움과 갈등에도 불구하고 끝까지 포기하지 않고 지난한 과정을 견디고 안팎의 조력을 잘 이끌어낸 덕분으로 안다.

2019년 시도한 휴스타 사업은 당시 그야말로 과감하고 혁신적인 시도였다. 국비 지원 없이 대구시가 418억 원, 경상북도가 190억 원의 예산을 투입하는 등 지자체의 강한 정책의지로 추진되었다. 혁신아카데미의 경우 22년 5월 30일 현재까지 로봇, 미래형 자동차, 의료, 정보통신기술(ICT)산업 분야 1~3기 225명이 교육 및 인턴 과정을 마치고 이 중 195명이 기업에 취업(취업률 87%)해 모델의 유효성을 입증해 내고 있다. 향후 휴스타사업과 RIS사업의 정책적 위치와 관계설정이 새로운 과제가 될 것이다. 여하튼 지역의 휴스타사업은 중앙정부의 전국적인 RIS사업을 태동시키는 촉매제와 모델이 되었다. 혁신은 변방에서 시작된다. 지금 이 순간에도 전국 곳곳에서 혁신의 아이디어가 발산되고 있고, 다양한 혁신모델들이 시도되고 있다. 이러한 혁신모델들을 발굴하고, 키우고, 확산하는 중앙정부의 역할이 더욱 중요한 시대이다.

미래인재도시 만들기

도시는 사람을 키우고,
인재는 도시를 바꾼다

권영진 대구시장은 2021년 1월 14일 시청에서 기자간담회를 갖고 2021년을 사람을 키우는 인재도시 조성의 원년으로 삼고, 사람을 키우는 도시문화와 풍토를 만들어 성장 기반을 구축하겠다고 밝혔다.

대구는 그간 공간구조혁신과 산업구조혁신이라는 하드웨어적 성장기반을 구축하였다. 동쪽으로는 혁신도시, 첨단의료복합단지, 수성알파시티, 서쪽으로는 국가산업단지, 테크노폴리스, 물산업클러스터, 그리고 서대구역세권까지 혁신성장거점을 구축하였고, 5+1 미래산업을 중심으로 신산업이 성장하여 대구의 산업지형이 바뀌고 있다. 이제는 하드웨어적 성장기반을 토대로 인적역량강화, 혁신역량강화, 지역경제역량강화의 선순환을 만드는 소프트웨어적 성장기반을 구축하여 새로운 도약이 필요한 전환기에 있다는 인식이 팽배하고 있었다.

전 세계적으로 산업화 시대에서 4차 산업혁명시대로 패러다임이 급속히 전환되고 있다. 생산요소의 양적 투입 주도형에서 기술혁신, 제품혁신, 서비스혁신 등 혁신 주도형으로 바뀌고, 지역의 장소 경쟁력은 산업단지의 경제성보다 정주여건의 매력도가 더욱 중요해졌다. 이제 더 이상 추격형 전략(fast follower)은 유효하지 않으며, 먼저 실험하고, 도전하는 선도형 전략(first mover)만이 우리의 선택이 되었다. 이에 미래사회를 선도하고자 하는 도시들은 장소 기반의 혁신정책(place based innovation)과 인재 기반의 혁신정책(people based innovation)을 추구하고 있다. 이제 인재, 도시, 미래로 나아가야 한다.

이제는 일자리에 대한 관점의 전환도 요구된다. 미래사회는 고부가가치산업·고임금 일자리를 추구하고, 고부가가치산업·고임금 일자리는 자본이 일자리를 창출하는 것이 아니라 인재가 일자리를 창출하고 있다. 일자리만 있으면 사람이 오던 산업화 시대는 저물고, 이제는 인재가 기업을 키우고, 인재가 기업을 만들며, 인재가 기업을 유치하기 때문이다.

SK하이닉스의 반도체 클러스터는 구미를 비롯한 대구경북지역이 간절히 구미 유치활동을 벌였음에도 불구하고, 2019년 경기도 용인으로 결정이 되었다. 구미에는 인재가 없고, 인재를 확보하기 어렵다고 이유를 밝혔다. 10년간 120조 원 투자, 1만 7천 개의 일자리 창출이 기대되는 대규모 프로젝트였다.

1971년《이코노미스트》는 시애틀을 절망의 도시라고 표현했다. 보잉은 1980년대 초반까지 여러 차례 불황을 겪었고, 스타벅스는 당시 점포 세 곳을 가진 작은 현지 기업에 불과했다. 하지만, 현재 시애틀은 미국에서 가장 살기 좋은 도시로 손꼽힌다. 마이크로소프트는 시애틀 지역에서 4만여 명을 고용하고 있고, 아마존은 전체 종업원 5만여 명 가운데 3분의 1이 시애틀에 있다.

마이크로소프트는 빌 게이츠와 폴 알렌이 1975년 뉴멕시코 주 앨버커키에서 창업을 하였고, 1979년 1월 1일 시애틀로 이사했다. 회사 이전 결정은 사업상 내린 결정이 아니었다. 게이츠와 알렌은 둘 다 시애틀 출신이었는데, 두 사람 모두 그들이 배우고 자랐던 곳으로 돌아가고 싶어 했다. 비록 당시에는 매출 100만 달러, 종업원 13명의 창업기업이 시애틀로 이전한 것이 대수롭지 않아 보였지만, 시애틀을 미국에서 가장 성공적인 혁신 중심지 가운데 하나로 변모시키는 데 도움을 주었다. 빌 게이츠가 회사를 이전한 지 15년 뒤 앨버커키 출신의 베조스가 아마존을 시작할 때 시애틀은 기업과 인재를 유치하는 자석이 되어 있었다.[100]

대구시는 2021년 10월 26일 엑스코에서 인재중심의 대전환으로 새로운 시대를 열어가자는 의지를 담은 미래인재도시 대구 비전 선포식을 개최했다. 더 나은 미래를 만나는 컬러풀 인재도시 대구를 비전으로 미래인재도시 대구 기본방향을 담당 부서장으로서 발표했다.

미래인재도시 선포는 수도권 쏠림으로 심화되고 있는 지역기업과 지방대학 위기, 인구유출 증가 등으로 초래된 지역의 구조적 악순환을 극복하는 한편 미래사회를 선도하기 위해서는 인재기반의 지역발전 전략이 절실하다는 판단에 따라 이뤄진 것이다. 더 나은 미래를 만나는 컬러풀 인재도시 대구를 비전으로 향후 5년간 미래사회주도 혁신인재 3만 명 양성, 미래산업 일자리 5만 개 창출, 한국인이 가장 살고 싶은 국내 도시 3위를 달성하겠다는 것이 대구시의 목표다.

미래인재도시 선포식에서 청년을 중심으로 산업·경제계, 교육·연구계, 시의회와 지자체가 대표해서 선언문 낭독으로 뜻을 모았고, 대구의 기본방향과 프로젝트 구상(안)을 공유했다. 구상(안) 마련을 위해 지난 3월~5월은 산·학·연 전문가들의 의견을 모았고, 6월~7월은 청년, 시민들의 의견을 수렴하고 확인하는 설

---

100) 엔리코 모레티, 『직업의 지리학』, 김영사, 2014년 7월.

문조사와 시민원탁회의도 가졌다. 대구시 내부는 워킹그룹 Working Group 구성을 통해서 여러 관계부서의 제안도 모았다. 선포식 다음 날인 27일 오후에는 미래인재도시 대구 선언의 의미를 확산하기 위해 엑스코에서 제6회 창조도시 글로벌 포럼을 개최하였다. 국내·외 전문가들의 의견을 들으니 기본 방향에 더 확신이 들었다. 대구를 바꾸고 있는 5명의 혁신인재들의 이야기를 들으니 도시의 미래가 더 가깝게 보였다. 5명뿐이겠는가? 5백 명, 5천 명, 5만 명으로 혁신인재가 많아지고 연결될 때, 도시의 미래는 바뀔 것이다.

대구시는 지난 2022년 3월 17일 시청 별관 대강당에서 상공계, 학계, 유관기관, 시민사회, 청년 등 인재양성 관련 분야의 대표 21명으로 구성된 대구 미래인재도시 위원회를 처음으로 개최해 미래인재도시 대구의 향후 5년간 기본계획(2022년~2026년)을 발표하고 추진 주체별 실행방안에 대해 논의했다.

미래인재도시 대구 기본계획은 4대 정책방향 및 9대 프로젝트로 구성, 중장기 계획을 포함한 39개의 주요 실행사업을 담고 있으며, 국가 메가프로젝트를 포함한 예산은 2026년까지 향후 5년간 약 4조 4,017억 원의 규모이다.

22년 시행하는 미래인재도시 대표 시범사업은 '대구 청년 꿈꾸는 대로 응원 펀딩'이다. 청년들의 다양한 꿈을 응원하는 시민 참여 플랫폼을 구축해 청년들이 자유로운 활동을 통해 역량을 쌓아서 혁신인재로 성장하고, 나아가 도시의 변화를 일으키는 데 기여할 수 있도록 지원하는 사업으로써 5년간 컬러풀 혁신인재 5천 명을 양성할 계획이다.

도시는 사람을 키우고, 인재는 도시를 바꾸는 미래인재도시 만들기는 대구만의 과제, 대구에만 국한된 전략이 아니다. 우리나라 비수도권의 지방 도시들에게 꼭 전환이 필요한 관점과 전략일 것이다.

청년과 함께 만들 변화,
공동체의 회복과 지역의 번영

청년정책은 청년의 관점은 물론, 공동체의 관점이 함께 필요하다. 왜냐하면, 청년의 관점은 청년이라는 사람의 총체적인 삶의 관점이기 때문이다. 여기서 사람은 독립적인 한 개체가 아니라, 사회적 존재로서 공동체의 일원으로서 살아간다. 이러한 관점에서 청년정책은 3가지 지향점을 가져야 한다.

첫째, 청년은 우리 사회의 주역으로서 역량을 키우고, 다음 사회의 미래가치를 세워나가야 한다. 우리 사회는 미래를 바꾸는 인재로서 청년의 역할을 기대한다. 따라서 우리 사회는 청년의 자율성과 사회진입을 보장해야 한다.

둘째, 청년정책은 중앙정부보다는 지자체의 주도로 추진되어야 한다. 청년의 삶은 지역이라는 삶터를 기반으로 총체적으로 전개되기 때문에 지자체가 청년의 삶 속으로 더 가까이, 더 구체적으로 찾아가는 서비스 지원을 담당해야 한다. 청년정책의 서비스 지원은 현장의 구체적인 손길과 발품이 필요하다.

셋째, 우리 사회는 청년이 겪는 사회문제를 청년과 함께 풀어 나가야 한다. 청년이 겪는 사회문제는 청년만의 문제가 아니라 우리 사회의 보편적 문제이며, 청년의 미래에만 국한된 것이 아니라 우리 사회의 미래에 관한 문제이다. 따라서 기업, 대학, 공 공기관, 언론, 시민사회 등 모두가 유·무형의 자산을 씨줄과 날 줄로 연결하고 투자해서 청년의 삶과 미래를 위한 사회적 얼개를 짜야 한다.

세대 간의 갈등과 청년정책의 고립을 막기 위해서도 청년정책 은 청년의 관점뿐만 아니라 공동체의 관점이 필요하다. 청년이 겪는 일자리, 주거, 부채 등의 사회문제는 아직 스스로 자립하지 못한 사회진입기 청년들에게 더 가중된 문제이며, 청년들이 먼저 더 첨예하게 겪을 뿐 청년만의 문제가 아니며 우리 사회의 보편 적 문제이다. 따라서 청년만의 어려움을 강조하고, 특히 정치적 으로 청년만을 계속 호명한다면, 중·장년, 노인 등 타 정책대상 의 어려운 현실과 경쟁하는 구도가 될 것이고, 오히려 청년세대 와 다른 세대 간의 갈등을 부추기며, 청년정책의 고립으로 이어 질 수 있다는 우려 섞인 목소리도 있다.

대구는 이러한 맥락에서 청년과 지역사회가 함께 청년과 지역의 미래를 열어가자는 취지로 2019년 12월 19일 청년희망공동체 대구라는 사회적 협약을 체결하였다. 이후 매년 청년을 중심으로 한 민·관의 협업사례를 공유하고 확산하고 있다. 나아가 대구는 사람을 키우고, 인재는 대구를 키운다는 슬로건으로 청년을 중심으로 도시의 미래를 바꾸어나가자는 미래인재도시 대구를 2021년 10월 26일 선포하였다.

도시는 사람을 키우고, 인재는 도시를 바꾸는 미래인재도시 만들기는 대구만의 과제, 대구에만 국한된 전략이 아니다. 전 세계적으로 산업화시대에서 4차산업혁명시대로 패러다임이 급속히 전환되고 있다. 생산요소의 양적투입 주도형에서 혁신주도형으로, 추격형 전략(fast follower)에서 선도형 전략(first mover)으로 이제 세계의 선진 도시들은 장소기반의 혁신정책(place based innovation)과 인재기반의 혁신정책(people based innovation)을 추구하고 있다.

시대가 바뀌었다!

인구구조의 변화로 고령화가 가속화되고, 산업구조의 변화로 기존의 일자리는 급감하고, 공간구조의 변화로 수도권 쏠림현상은 지역의 위기를 심화시키고 있다.

사람이 바뀌었다!
개인은 일(Work)과 생활(Life)의 조화로운 균형을 중요하게 추구하며, 특히 젊은 인재들은 더 좋은 배움터, 일터, 삶터를 찾아서 이동하고 있다.

일자리와 사람의 관계도 바뀌고 있다!
열악한 일자리는 인재가 안 오고, 괜찮은 일자리는 인재를 못 구한다.

과거 자본이 일자리를 창출하던 시대는 저물고, 이제 인재가 일자리를 창출하는 시대로 바뀌고 있다. 인재가 기업을 만들고, 인재가 기업을 키우고, 인재가 기업을 유치한다. 그래서 지역의 발전전략과 정책도 바뀌어야 한다!
우리 모두가 알고 있다. 우리 모두가 각자 노력도 하고 있다. 하지만 실행은 부분적이었고, 노력은 집중되지 못했고, 투자는 과감하지 못했다. 인구유출과 지역침체라는 악순환에서 도시가 사람을 키우고, 인재가 도시를 바꾸는 선순환으로 전환하기 위해서는 우리 사회 모두가 청년을 중심으로 미래인재 관점의 대전환을 위해 인식하고, 행동하고, 정책을 바꾸어야 한다.

최근 우리 사회는 외로움과 불신의 위기가 팽배하고 자살이 늘고 있다. 삶이 힘든 순간에 자기 인생의 의미를 찾을 수 있는 곳을 찾기도 어렵다고 한다. 공동체의 붕괴는 사회적 갈등을 심화시킨다. 사회적인 위기를 해결하는 길이 곧 개인이 위험에서 벗어나는 길이기도 하다. 여러분도 사회적 위기를 느끼고 있다면, 우리는 이제 건강한 공동체에 관하여 서로 이야기를 해야 한다.

"나는 누구입니까?" 보다는 "나는 누구의 누구입니까?" 라는 질문이 더 좋은 질문이다. 왜냐하면, '너'로 인하여 비로소 '나'가 되기 때문이다. 우주비행사들이 임무수행을 위해 지구를 떠나기 전에 자신에게 손편지를 쓴다고 한다. 광활한 우주에서 자칫 자신의 정체성을 잊게 되면, 생의 애착, 미션에 대한 책임감, 귀환의지가 약해지기 때문이다. "나는 ○○○의 자랑스러운 아들입니다. 나는 ○○○의 사랑하는 남편입니다. 나는 ○○○의 믿음직한 친구입니다……." 자기 자신의 정체성을 가장 분명하게 가슴으로 느낄 수 있는 것은 바로 너와 만남! 관계이다. 나의 이야기에서 나-너, 우리의 이야기로 전환될 때, 지역과 사회는 연대와 결속의 망으로서 공동체가 된다. 우리 한 사람 한 사람이 서로를 보듬고, 공동체를 보살피는 흔적은 달에 발자국을 남기는 것보다 더 깊은 것이다.

공동체의 회복은 바로 관계의 회복, 사회적 연대와 결속을 위한 대화에서 시작한다. "당신은 누구의 누구입니까?"

청년의 내일을 여는 해방일지

초판 발행 ㅣ 2022년 7월 25일
2쇄 발행 ㅣ 2023년 5월 25일

지은이 ㅣ 김요한
펴낸이 ㅣ 신중현
펴낸곳 ㅣ 도서출판학이사

출판등록 : 제25100-2005-28호
주소 : 대구광역시 달서구 문화회관11안길 22-1(장동)
전화 : (053) 554~3431, 3432
팩스 : (053) 554~3433
홈페이지 : http:// www.학이사.kr
전자우편 : hes3431@naver.com

ISBN _ 979-11-5854-369-3 03330